SŒUR MARIE

PREMIÈRE COOPÉRATRICE

DANS LA FONDATION

DES

PETITES SŒURS DES MALADES

DE MAURIAC

AU DIOCÈSE DE SAINT-FLOUR

1839-1895

PAR

l'Abbé L.-M. ALBESSARD

NOUVELLE ÉDITION

AURILLAC

IMPRIMERIE MODERNE

1899

SOEUR MARIE

SŒUR MARIE

SŒUR MARIE

PREMIÈRE COOPÉRATRICE

DANS LA FONDATION

DES

PETITES SŒURS DES MALADES

DE MAURIAC

DIOCÈSE DE SAINT-FLOUR

1839-1895

PAR

l'Abbé L.-M. ALBESSARD

NOUVELLE ÉDITION

AURILLAC

IMPRIMERIE MODERNE

1899

APPROBATION
de Mgr l'Evêque de Saint-Flour

Nous venons de lire, avec un vif intérêt, la notice, écrite dans un style sans prétention mais non pas sans mérite par M. l'abbé L.-M. Albessard, sur Sœur Marie, de la Congrégation des Petites-Sœurs des Malades, dont on doit la fondation à M. le chanoine Serre, et sur les commencements de ce charitable Institut.

Nous ne pouvons que louer l'auteur de l'heureuse inspiration qu'il a eue de sauver de l'oubli et de mettre en lumière une vie si bien remplie.

La pieuse fille, qui l'a vécue, était digne de cet hommage rendu à sa mémoire, soit à cause du rang à part qu'elle a occupé dans sa chère Congrégation, soit en considération du bien qu'elle a réalisé.

Elle a été, en effet, pour ainsi dire, comme la souche de cette bienfaisante association, comme le type de celles qui, à sa suite, devaient en faire partie, attendu qu'elle a été la première à répondre à l'appel du bien zélé M. Serre et a admirablement justifié son choix par les services qu'elle a rendus, les bons et ineffaçables souvenirs qu'elle a laissés dans les diverses étapes de sa vie religieuse, à Mauriac, à Saint-Vincent-de-Salers, à Murat, mais surtout à Saint-Flour, où l'on a pu admirer, pendant vingt-cinq ans, son dévouement et sa charité.

En racontant, dans des pages que l'on aurait voulues moins restreintes, cette belle vie, M. Albessard a fait une œuvre de vérité. Il a si bien retracé, en effet, la physionomie de Sœur Marie, il a si parfaitement dépeint ses qualités naturelles que tous ceux qui ont connu cette âme généreuse, la retrouveront vivante sous sa plume.

Il a fait de plus une œuvre d'édification par le récit des vertus de cette bonne Sœur, en particulier de sa vraie piété, de son esprit de mortification et de sacrifice, de son courage et de sa patience dans les épreuves, de son désir insatiable et parfois téméraire de soulager les misères ou de rendre service, au risque, en le faisant, de compromettre sa santé presque toujours chancelante, de sa bonté secourable qui s'étendait à tous indistinctement, mais de préférence aux humbles, aux pauvres, aux souffrants, aux prisonniers, aux malheureux de toutes sortes, enfin de son zèle compatissant et industrieux pour obtenir, avec la santé du corps, le salut des âmes.

Les personnes pieuses qui vivent dans le monde et désirent puiser de nouvelles ardeurs au spectacle de vertus supérieurement pratiquées trouveront dans la lecture de ces pages la satisfaction qu'elles réclament et l'aliment spirituel qui leur communiquera une vigueur rajeunie. Mais celles qui les liront avec le plus de profit, ce seront assurément les Petites-Sœurs des Malades.

En apprenant à mieux connaître les origines providentielles de leur chère Congrégation, les mérites et les exemples de celle qui fut la première Coopératrice de son vénéré Fondateur, elles se sentiront encouragées à marcher sur ses traces et à se dévouer plus que jamais à leur sainte vocation.

Aussi autorisons-nous bien volontiers l'impression de cette notice et la bénissons-nous ainsi que son auteur.

✝ JEAN, *Evêque de Saint-Flour.*

Saint-Flour le 27 mars 1896.

SŒUR MARIE

« *C'est par les instantes prières de* »
« *l'évêque Turpion, du vénérable abbé* »
« *Aymon, et de beaucoup d'autres person-* »
« *nes que nous avons été obligé d'entre-* »
« *prendre cette Vie. C'est inutilement que* »
« *j'ay voulu me couvrir du voile de mon peu* »
« *de capacité pour m'en dispenser. Ils m'ont* »
« *fermé la bouche, en m'assurant qu'il valait* »
« *mieux écrire cette vie sainte d'un style sim-* »
« *ple et grossier que de la laisser tomber* »
« *dans l'oubli. J'ai considéré aussi qu'une* »
« *narration pompeuse et fleurie ne convien-* »
« *drait guère à une profession éloignée du* »
« *faste et de l'humilité que doit avoir un* »
« *religieux.* »

Ces paroles de saint Odon, dans la Préface
de sa Vie de saint Géraud d'Aurillac, *nous*
sont revenues en mémoire, quand une voix
amie, se faisant l'écho des nombreux témoins
de la vie religieuse de Sœur Marie, nous a

écrit ces deux lignes : « On demande ici de « tous côtés une Notice détaillée sur Sœur « Marie... C'est donc à vous de vous en « charger. Vous devez travailler pour la « Communauté. »

C'était un ordre autant qu'une prière. L'ami avait plutôt le droit de commander que de prier : il le savait et nous sommes heureux de lui obéir, puisqu'il s'agit moins encore d'être agréable au public qu'utile à la gloire de Dieu et à l'édification des âmes.

Notre plume est toute inexpérimentée : il y en a d'autres à côté de nous, si habiles, si exercées dans ce genre que tout y aurait gagné de les voir consacrer leur talent à publier les vertus et les œuvres d'une Sœur, bien modeste devant le monde, mais bien grande devant le Dieu qui sonde les reins et les cœurs, et qui tient compte même d'un verre d'eau froide donné à un pauvre pour l'amour de Lui.

Notre style sera donc simple comme Sœur Marie, vrai comme son langage, toujours droit, exact et précis. C'est elle en effet qui parlera par ses supérieurs, par ses compagnes ou par les autres témoins de sa vie, que nous avons pu consulter, et dont la foi est absolument sûre.

Nous n'aurons rien peut-être d'extraordinaire à rapporter : nous voulons dire de ces choses merveilleuses que le vulgaire admire et qui le font crier au miracle ; mais cette vie toute de simplicité, de renoncement, de souffrances et de dévouement, cette vie toute de sagesse, de piété, de perfection religieuse, nous révèlera une âme aussi méritante que les âmes dont la vie a eu plus d'éclat et de retentissement. La douce lumière qui veille le divin Prisonnier de nos saints tabernacles a-t-elle moins d'honneur que le roi des astres dont les puissants rayons fécondent la nature ? Sœur Marie s'est consumée lentement dans son humble ministère de garde-malade ; et cependant elle a fait l'œuvre de Dieu, et son œuvre a été connue, aimée, admiré à son insu. Sœur Marie, dans le parterre de l'Eglise de Saint-Flour, n'a été qu'une humble violette, cachée la plupart du temps dans la mansarde du pauvre ou dans sa cellule d'ermite et de crucifiée, et néanmoins cette petite fleur a eu son parfum dans nos vallées d'Auvergne, et ses chères Sœurs en religion, dont elle a été le modèle accompli, comme les fidèles qu'elle a visités, soignés ou consolés, en restent tout embaumés. Tous veulent respirer encore cette odeur suave de la sainteté qui attire après elle à l'amour de Jésus et des âmes.

Nous allons donc avec timidité sans doute, mais aussi avec une sainte joie, con amore, présenter au public chrétien cette petite lumière, cette petite fleur pour éclairer et parfumer encore et longtemps sa chère Communauté et tous ceux que pourront lire les modestes pages que nous consacrons à cette douce mémoire.

SOEUR MARIE

I

ENFANCE DE MARIE LACHAUX

Marguerite-Marie Lachaux naquit le 30 septembre 1839, au village d'Ouzouiltat, paroisse de Mestes, canton d'Ussel (Corrèze), de François Lachaux et de Maria Cournelliou.

Nous ne savons rien de cette petite famille, sinon qu'elle vivait de son travail sous le regard de Dieu et dans la pratique des vertus chrétiennes. Le père était cardeur de laine, gagnant à peine de quoi nourrir sa nombreuse famille de sept enfants, « mais c'était, nous dit un vénérable « ecclésiastique, un père de famille mo- « dèle, craignant d'offenser Dieu et heu- « reux d'obliger ses semblables. Le travail, à Mestes, ayant dû manquer, il alla se fixer à Lizinhac, canton de Neuvic. La jeune Marie n'avait alors que deux ans. Au bout de quelque temps, l'épreuve entra dans cette famille en frappant la mère qui mourut, laissant en bas âge la plupart de ses pauvres orphelins. Marie, à peine âgée de douze ans, fut obligée de se faire mère et maîtresse de ses frères sous la direction du malheureux père, désormois seul à porter la responsabilité de sa maison, dont l'âme était partie avec son épouse.

Bientôt il fallut songer à une nouvelle résidence. Dans ses nombreuses excursions d'ouvrier ambulant, François Lachaux, comme tous ses compatriotes limousins, avait souvent visité l'Auvergne et l'avait trouvée belle et bonne ; il vint lui demander l'hospitalité et une autre compagne : Ally lui donna l'une et l'autre et pour toute sa vie.

Cependant Marie n'avait pas encore suivi son père, bien qu'elle en fût particulièrement chérie. Elle était demeurée avec sa tante maternelle Marguerite, résidant à Ussel. Marie n'y resta que deux ans : elle ne pouvait vivre loin de son père, ni le père loin de sa fille bien-aimée.

D'ailleurs, comme on le verra bientôt, la divine Providence avait ses desseins sur cette enfant. Elle la préparait, par ce retour auprès du père, à devenir la première auxiliaire dans la fondation de l'Œuvre des Petites-Sœurs des Malades.

Marie a pris la résolution d'aller rejoindre son père ; mais comment échapper à la vigilance de celle qui l'estime et l'affectionne comme une enfant privilégiée, et qui lui est moins à charge qu'utile et agréable par sa sagesse précoce et sa piété angélique?

Douée d'une énergie bien au-dessus de son âge, elle s'échappa néanmoins et, confiante en la garde de Dieu, elle entreprit à pied le voyage d'Ussel à Ally, ne se doutant peut-être pas des difficultés et des fatigues qu'allaient lui imposer quatre-vingts ou cent kilomètres à parcourir à travers des landes, des ravins, des bois et presque toujours au milieu de la solitude.

Marie a confiance dans le Dieu du pauvre et de l'orphelin et en Notre-Dame des Miracles qui a jeté sur elle un regard de prédilection. Elle s'avance, égrenant son petit chapelet; elle marche, marche encore, pleine de courage et d'ardeur. Enfin, voici Neuvic. Mais pas de voiture pour continuer sa route : le courier de Mauriac est parti et il est déjà tard. N'importe, sa résolution est prise. Elle demande timidement le chemin de Mauriac; une bonne femme lui répond avec bienveillance : « — Mais, ma petite, il est tard! — Oh! j'irais bien plus loin, » dit Marie. Et la voilà partie pour Saint-Projet et Mauriac.

Au bout de quelques mètres, le chemin devient plus triste et plus désert... Marie a peur ; elle se met à pleurer : « Sainte « Vierge, s'écrie-t-elle, ayez pitié de moi ! « Gardez-moi, car j'ai peur et je ne sais « où je vais ». L'émotion s'ajoutant à la fatigue la laisse sans forces. Elle voudrait se reposer un peu, mais la nuit approche avec ses horreurs ; elle quitte sa chaussure, qui l'avait déjà blessée, et continue son chemin et ses *Ave Maria*. La Vierge-Mère entend les soupirs et les pleurs de la pauvre voyageuse et lui fait rencontrer un ange consolateur : c'est l'Ange de l'Eglise de Tulle, le bon Monseigneur Berteaud, qui montait la côte dans une voiture d'emprunt. A la vue de l'enfant, à cette heure tardive, et presque égarée dans les bois, son cœur d'évêque et de père est ému ; il fait arrêter la voiture et lui dit en patois : « D'ound binis-tu, ma pitiote ? Ound « bas ? N'as pas pour, vai ! Siras lièou à « Sint-Proujet : Mittes-ti à ginoux, te vazi « binizi (1) ». Ces paroles et cette bénédic-

______

(1) D'où viens-tu, ma petite ? Où vas-tu ? N'aie pas peur, va ! Tu seras bientôt à Saint-Projet. Mets-toi à genoux, je vais te bénir.

tion réconfortent la petite Marie qui arrive enfin à Saint-Projet.

Mais il est nuit : il faut s'arrêter. Elle frappe à la porte de la maison Tenotte. La maîtresse du logis lui fait bon accueil et lui dit affectueusement : « Pauvre enfant, « tu es bien fatiguée… Dors bien. Demain « tu partiras avec des femmes qui vont à « Mauriac ». Le lendemain, la charitable Tenotte laissa dormir longtemps la jeune orpheline qui était venue lui demander l'hospitalité pour l'amour de Dieu.

Quand elle l'éveilla, ses voisines étaient parties pour la ville. Marie est donc obligée de continuer sa route encore toute seule avec son ange gardien et son chapelet ; cependant malgré le repos de la nuit, elle est si fatiguée qu'elle va lentement et arrive assez tard à Mauriac. Après une bien modeste réfection, elle va se jeter aux pieds de Notre-Dame des Miracles pour la remercier de sa maternelle protection et la supplier de la lui continuer encore, puisqu'elle n'a pas fini sa course. Le chemin de Mauriac à Ally est presque aussi désert que celui de Neuvic à Mauriac, quoique moins long. Marie l'entreprend avec le même courage, et arrive enfin au terme de son voyage.

Le père, ravi de retrouver sa fille, la presse sur son cœur et l'embrasse avec effusion ; et la jeune fille, toute heureuse de retrouver son père et de venir le soulager dans son travail, lui témoigne aussi la plus vive affection. Mais que de douloureux souvenirs se mêlent dans son cœur d'orpheline à la joie du moment !... Le veuvage du père ne tarda pas à cesser et bientôt la situation de Marie ne fut plus la même ; quoique continuant à travailler avec son père, elle se vit obligée de pourvoir à ses besoins et de vivre en dehors de la maison paternelle.

Nous sommes en l'année 1859, Marie a près de 19 ans : si elle n'est pas dans la force de l'âge, elle en a l'expérience et la maturité. A l'école de l'épreuve, de la douleur et du travail, son âme s'est aguerrie, sa vertu est devenue plus virile.

Naturellement timide et prudente, Marie eut d'abord à souffrir en se voyant étrangère et inconnue dans le milieu où elle vivait : elle resta même quelque temps sans oser aller trouver un confesseur. Rassurée par les pieuses instances d'une bonne femme sa voisine, elle se décida enfin à donner sa confiance au vicaire de la paroisse.

« Quand j'entrai dans ce confessionnal,
« disait-elle plus tard, je sentis quelque
« chose qui n'était pas ordinaire... L'abbé
« me dit : Vous viendrez vous confesser
« plus souvent ; il faut être pieuse et bien
« aimer la Sainte-Vierge. »

Marie obéit à ces saintes recommandations et, désormais assidue aux sacrements de pénitence et d'eucharistie, elle y puisa, avec la grâce de Dieu en surabondance, des lumières et des forces pour entreprendre l'OEuvre qui s'appellera bientôt « la Congrégation des Petites Sœurs des Malades ». Le confesseur, qui devint pour elle un Ananie et un Père, était M. l'abbé Serres, récemment nommé vicaire d'Ally.

Depuis longtemps, en effet, le futur fondateur de l'OEuvre bien connue aujourd'hui se sentait appelé à quelque chose qui n'était ni le ministère pastoral, ni la cure, ni la vicairie, ni l'aumônerie. Une voix intérieure, voix forte, puissante, irrésistible, lui disait sans cesse qu'il devait faire autre chose pour l'Eglise et les âmes, pour les malades et les pauvres.

Sans doute cette portion souffrante de l'humanité n'était pas dépourvue de tout secours, et quand les membres de la famille ne suffisaient pas, on trouvait dans nos contrées d'Auvergne quelques pieuses filles de Sainte-Agnès, vulgairement appe-lées *menettes*, qui se dévouaient généreuse-ment aux soins des malades ; mais, outre qu'elles n'étaient pas toujours libres de leur temps, elles devenaient de plus en plus rares et tendaient à disparaître com-plètement. Les pauvres malades et infir-mes allaient donc être de plus en plus délaissés. Ne pourrait-on pas remplacer les Menettes, développer et perfectionner leur œuvre à peine ébauchée ? Ne pour-rait-on pas faire plus et mieux, par exem-ple, soigner, garder les malades à domicile, laver leur linge, raccommoder leurs habits gratuitement, leur passer les nuits, et par ces soins corporels arriver à leur cœur, sauver leur âme, leur ouvrir le ciel ?...

Telles étaient les pensées qui hantaient l'esprit du vicaire d'Ally et le retenaient dans une mystérieuse attente. Le projet était conçu dans son idée première et géné-rale : la pratique et l'épreuve devaient en spécifier plus tard les détails. Pour tenter une œuvre pareille, il fallait des âmes fortes, généreuses, prudentes, dévouées, des âmes religieuses. A ce nouvel édifice

il fallait une assise solide ; il fallait peut-
être aussi une victime, car toutes les œuvres de Dieu sont fondées sur la croix et la
souffrance : la Sœur Marie devait être l'une
et l'autre. Voilà pourquoi Dieu l'a si bien
préparée : elle est prête pour tout ce que
lui demandera son Père spirituel.

Après quelques mois de direction, le
confesseur de Marie Lachaut reconnut vite
dans sa modeste pénitente le riche trésor
de sagesse, de piété et d'abnégation que
Dieu lui envoyait. Il la mit à l'épreuve ; il
essaya de réaliser son projet sans toutefois
le lui révéler encore. Timide lui-même, il
avançait lentement mais sûrement, comme
nous le verrons dans la suite. Un jour, il
lui dit :

— Ne voudriez-vous pas aller voir les
malades ?

— Je le veux bien, mon Père, mais je
n'ai rien pour leur donner.

On devine la réponse du Père. Tout fut
procuré : pain, vin, sucre, etc., et la jeune
novice, aussi heureuse de distribuer que
M. l'abbé de donner et les pauvres de recevoir, s'en allait toute joyeuse à la recherche
des malheureux dont le nombre augmentait

rapidement. Rien ne la rebutait, ni la fatigue de chemins pierreux, ni les fardeaux
qu'elle transportait quelquefois pour ali-
menter le feu des pauvres ou rendre leur
couche moins dure, ni les maladies les plus
répugnantes. Assuré désormais de la prudence et du dévouement de sa généreuse
pénitente, M. l'abbé lui dévoila sans détour
sa pensée d'établir pour les malades et les
pauvres une Congrégation nouvelle. Marie
accepta avec joie et continua avec plus d'ardeur ses œuvres de charité (1860). — Un
jour, M. l'abbé lui désigne une pauvre femme
couverte d'une espèce de lèpre, que personne ne voulait approcher : « Allez, je
« dois lui porter le bon Dieu, vous arran-
gerez un peu ce galetas ». Marie court au
village, demande quelques draps de lit, en
garnit le misérable réduit, y ajoute quelques fleurs champêtres et transforme en
reposoir la couche de sa chère lépreuse.

Au village du Fraissy la fièvre typhoïde
sévissait en plein : une famille en est
atteinte... Tout le monde l'abandonne.
Marie seule y pénètre. Dieu l'y accompagne et bénit son héroïque dévouement,
tous ses malades guérissent.

Dans un autre village, un malheureux

tombe malade : il n'a rien, Marie se fait
mendiante pour lui et pourvoit à tous ses
besoins aussi longtemps que dure la maladie.

Cette charité si industrieuse et si dévouée
fut dès lors souvent mise à contribution :
on la savait infatigable et toujours prête.

II

SOEUR MARIE A MAURIAC

Ainsi se passaient les jours et les mois de la charitable étrangère, quand Dieu la soumit à une nouvelle épreuve : le vicaire d'Ally était changé et appelé à l'aumônerie du couvent de Notre-Dame, à Mauriac, au mois de juin 1863.

Il semble que Notre-Dame des Miracles avait inspiré cette nomination ; elle voulait auprès d'elle le vicaire d'Ally, pour en faire le Fondateur et le Père de la Famille, dont elle serait la Mère et la Protectrice.

Cependant Marie Lachaut, restée seule à Ally, ne se découragea pas ; elle continua son œuvre auprès des malades avec le même dévouement et la même ardeur, puisant dans la communion fréquente la lumière, la force, les conseils, et les consolations qu'elle trouvait jadis auprès de son directeur. Quelquefois même, toujours de grand matin et à jeun, elle gravissait les pentes escarpées de l'Auze et se rendait à Mauriac pour aller demander lumière à son ancien directeur et lui rendre compte de ses œuvres et de son intérieur.

L'isolement de la jeune garde-malade et ses pénibles voyages à Mauriac ne devaient pas durer longtemps ; le nouvel aumônier du couvent de Notre-Dame cherchait activement des compagnes pour les joindre à Marie.

La Providence lui en fit trouver quatre et des plus dévouées : Adèle et Marie Raoux, de Trizac, résidant à cette époque à Mauriac, Pétronille Vignal, d'Auzers, et Marie-Anne Borne, de Chambres. Cette dernière alla auprès de Marie à Ally, le 4 novembre 1864, afin de s'initier à sa vie de charité ; les deux premières vivaient avec leur mère et ne pouvaient pas la quitter encore définitivement. Pétronille Vignal arriva le 21 novembre à Mauriac. Ce même jour, les cinq élèves se réunirent dans la chapelle du Couvent de Notre-Dame pour se mettre sous la protection de Marie et la prier de bénir l'OEuvre naissante ; elles se rendirent ensuite chez M. l'aumônier pour recevoir ses avis et ses encouragements. C'est de ce jour que date la Congrégation des Petites-Sœurs des Malades.

Cependant la vie en commun n'était pas encore possible. Sœur Marie revint seule à Ally, laissant à Mauriac sa jeune initiée, acceptant d'avance pour elle-même toutes les conséquences de ce départ imprévu. Les deux autres, Pétronille Vignal et Marie Borne, s'installèrent dans la maison prédestinée d'un enfant de Mauriac, d'un vétéran du professorat, notre maître et notre ami, auquel il nous est bien doux de témoigner publiquement notre vénération et notre reconnaissance ; son amitié ne s'est pas démentie, la nôtre non plus. J'ai nommé le bon, le pieux abbé Broquin, le si dévot client de Notre-Dame des Miracles, et qui est si heureux, aujourd'hui encore, d'avoir abrité sous son toit hospitalier les modestes débuts des Petites-Sœurs des Malades. Elles lui en restent d'ailleurs toutes reconnaissantes ; et ce n'est jamais sans une suave émotion que les anciennes Mères se rappellent les premiers jours de leur chère famille. C'est là, dans cette petite chambre, si près du Ciel, que nos généreuses fillés partageaient leur temps entre la prière, de pieux entretiens et le travail manuel ; là aussi tout naturellement se rendaient très souvent celles qui vivaient encore dans leur famille, s'essayant ainsi toutes ensemble à la vie de communauté. Et qui nous dira leur zèle pour leur avancement spirituel? Toutes rivalisaient d'amour pour l'oraison et la pénitence. Le récit de leur vie intime pendant ces premiers mois figurerait sans doute avec honneur en regard des plus illustres exemples que nous fournissent les annales des fondations monastiques.

Aussi le zélé directeur les jugea-t-il dignes de faire déjà des vœux de religion, mais seulement au tribunal de la pénitence sans solennité extérieure et à titre de dévotion ; c'était le 24 décembre 1864. Le lendemain, elles assistèrent dans la chapelle du Couvent, à la messe dite pour le succès de leur sainte entreprise et y prononcèrent ces vœux.

Après cette cérémonie intime, Sœur Marie rentra encore à Ally, mais pour quelques mois seulement. Le 1er novembre 1865, elle put enfin rejoindre ses compagnes et vivre désormais avec elles de la vie commune et religieuse.

Aux yeux du public, elles n'étaient toutes que de simples couturières, de pieuses filles, qui trouvaient à la ville plus de travail qu'à la campagne. Il va sans dire que la chapelle du Couvent était comme leur église de communauté et M. l'aumônier leur supérieur, leur directeur exclusif et d'autant plus libéral dans son assiduité au confessional que c'était pour elles leur unique salle de conférences.

A l'ombre de ce sanctuaire, si près des grilles et du cloître, au contact du Cœur de Jésus et de ses saints, dans le silence et le recueillement, sous la double influence de la grâce et d'une sage direction, s'élaborait tous les jours la formation religieuse des prétendues ouvrières.

Cependant la plante ne peut pas toujours rester en serre, ni le grain dans le sillon ; il leur faut le grand jour, la pleine lumière, tout le soleil pour s'épanouir et produire des fruits.

Peu à peu nos postulantes sortaient de leur retraite expérimentale et, sous prétexte de bons offices, s'offraient à leur voisinage pour le soin des malades. Sœur Marie, la plus expérimentée, se distinguait surtout dans ce pénible travail. Elle allait, elle venait, trouvait des malades, des infirmes, des malheureux tout déguenillés ; après les avoir encouragés par ses douces paroles et sa patience inaltérable, elle portait à la chambre commune leurs vêtements en lambeaux pour les raccommoder et leur donner quelque forme, sinon un éclat qu'ils n'avaient jamais eu.

Et comment vivait sœur Marie, comment vivaient ses compagnes, car elles ne devaient rien revevoir ni rien prendre chez leurs malades? Le travail de couture n'abondait pas et la charité publique ne pensait pas à elles. Comment vivaient ces pauvres volontaires? Nous ne pouvons pas tout dire : il est bon quelquefois de cacher les secrets de Dieu.

Mais que d'actes héroïques de pénitence, de privation et d'humiliation! Sœur Marie était toujours la première à savourer ces divines amertumes et à donner à ses compagnes l'exemple de l'abnégation, du silence, de la résignation. Quand il n'y avait qu'un peu de soupe, une pomme de terre cuite sous la cendre, elle s'en contentait, et son aimable sourire faisait comprendre que si ce n'était pas assez pour son corps exténué par la veille de nuit, c'était presque trop pour son âme avide de souffrance et de délaissement.

« Nous n'avions pas tout ce qu'il nous fallait, nous écrit l'une des premières Sœurs, mais elle savait se contenter de peu, jamais je ne l'ai vue se plaindre...

Elle nous disait quelques bonnes paroles, qui complétaient nos mets, et nous partions par des éclats de rire ».

Un jour cependant le pain manqua ; Sœur Marie alla trouver le Père spirituel et lui donna à entendre que l'on ne vit pas seulement de la parole de Dieu et de la grâce... Celui que l'on appellera bientôt le Bon Père se sentit ému jusqu'au fond des entrailles : il donna de sa pauvreté et une balle de farine fut vite commandée pour la communauté aux abois. Que de fois encore elle se rendit dans les environs de Mauriac jusqu'à Brageac, pour chercher du chanvre ou du lin à filer, du bois mort à ramasser, afin de pourvoir aux premières nécessités du ménage !

L'industrieuse Sœur Marie tirait ainsi parti de tout et apprenait aux autres à braver le respect humain et le qu'en dira-t-on. A si bonne école on ne pouvait que se fortifier et grandir dans les vertus religieuses, mériter les bénédictions du Ciel et les applaudissement de la terre : Dieu était content, les hommes aussi.

Les pauvres ne furent pas les seuls à appeler les nouvelles garde-malades ; certaines maisons bourgeoises, dont les chefs

réclamaient des soins assidus et intelligents, leur firent l'honneur de les intro-
duire dans leur maison ; si là l'expérience
était un peu plus délicate et dangereuse,
elle devait aussi aboutir à un plus grand
succès. Les Sœurs ne firent pas trop mal,
leurs soins furent goûtés, et désormais
l'estime s'attacha à leur nom. On les récla-
ma bientôt de tous côtés. « Allez, allez
« toujours, leur disait le Père spirituel,
« allez, agissez, travaillez, écoutez, mais
« ne dites rien. »

On se l'imagine bien en effet, leur conduite
paraissait un peu extraordinaire et piquait
un peu la curiosité du public, toujours si
avide de tout savoir et de tout commenter.
Ces jeunes filles se disent couturières et
elles sont toujours dehors depuis quelques
temps. Comment font-elles pour vivre ? —
Nous l'avons dit tout à l'heure. — Et puis,
elles vont bien souvent trouver M. l'Aumônier, elles sont constamment à la chapelle
du Couvent... Il y a quelque chose là-
dessous... Il y avait, on le voit, le Fondateur et les Fondatrices des Petites-Sœurs
des Malades.

L'œuvre se faisait maintenant et pro-
gressait tous les jours. Les malades étaient

soignés, gardés, le jour et la nuit ; les infir-
mes étaient visités, leur ménage régulière-
ment fait, et tout cela gratuitement, pour
l'amour de Dieu et des âmes, avec un
dévouement, une abnégation, une bonne
volonté, un talent même et des aptitudes
dignes des plus habiles sœurs hospitaliè-
res. — Le moment semblait venu de se
déclarer, de prendre l'habit religieux et de
se consacrer au Seigneur par les trois
vœux traditionnels de pauvreté, de chasteté
et d'obéissance, que l'on pratiquait déjà
d'une manière si parfaite.

Mais quel habit prendre ? quelle couleur
lui donner ? Après un échange réciproque
de vues à cet égard, il fut décidé qu'on
adopterait le drap *couleur carmélite*. Il fallut
aller jusqu'à Pleaux pour en trouver assez.
Celui qu'on en rapporta était des plus pri-
mitifs : Sœur Marie eut le privilège de
l'avoir en partage. Au moyen d'un mou-
choir coupé en deux, elle se fit un bandeau
et un col ; elle y ajouta la petite cornette (1)
asssez semblable à celle des Sœurs de
Sainte-Agnès, et elle était prête pour se
présenter au public avec ses deux compagnes, Sœur Adèle et Sœur Emilie. Il va

(1) Elle fut modifiée plus tard.

sans dire que cette prise d'habit avait été autorisée par Mgr de Pompignac.

Le lendemain, fête de Notre-Dame des Miracles, 9 mai 1866, elles assistèrent pour la première fois, avec le costume religieux, à la procession solennelle. C'était, pour certains, un coup de théâtre, une folie, une originalité... bref, tout ce que la sagesse humaine peut rêver et dire d'insensé.

Oui, c'était un coup, mais un coup de la Providence; c'était une folie, mais la folie de la croix, folie sublime et céleste, folie de Jésus. Le coup n'a-t-il pas bien porté? Aujourd'hui les Petites-Sœurs sont près de cinq cents et qu'il y en a déjà au nécrologe! Etaient-elles des folles, ces hardies commençantes? Sœur Marie était-elle une folle? L'a-t-on jugée ainsi dans sa longue carrière? Au surplus, que dit Notre-Seigneur? « Je perdrai la sagesse des sages du « monde ». Et l'apôtre Saint Paul ajoute : « S'il y a quelqu'un parmi vous qui paraisse « sage selon le siècle, qu'il devienne fou « afin d'être sage ». Qu'a fait Notre-Seigneur? Il a fait l'insensé suivant le monde.

« Dans l'œuvre de la réparation, dit Bos-« suet, quand Notre-Seigneur veut s'unir « à sa créature, c'est-à-dire l'infini avec le

« fini, il ne garde ni proportion ni mesure ;
« il ne s'avance que par des démarches
« insensées ; il saute les montagnes et les
« collines, du ciel à la crèche, de la crèche
« par divers bonds sur la croix, de la croix
« au tombeau et au fond des enfers, et de
« là au plus haut des cieux ». Telle est
aussi la folie des saints.

Un pas immense était fait : nous l'appel-
lerions volontiers le sous-diaconat de la
religion, si la religion était un sacerdoce.
Si les sages du siècle se scandalisèrent,
les petits et les simples se réjouirent avec
nos courageuses novices.

Tout d'abord on ne les reconnut pas ;
on les prit, à la procession, pour des religieuses de passage. Mais, après la messe, à
peine furent-elles rentrées à l'ermitage que
l'on vint demander Sœur Marie pour ense-
velir un enfant. En entrant dans la maison
du petit mort, mouvement de surprise et
de sympathique admiration : « — Quoi !
Sœur Marie, c'est vous ? — Eh ! oui, c'est
moi. » Ce fut tout. « Dieu soit béni !
s'écria le Fondateur, un moment anxieux,
l'œuvre est faite ».

La bénédiction du Ciel descendait, en
effet, visiblement sur les Petites-Sœurs.

Des postulantes se présentaient nombreuses et résolues. Trois fois, il fallut changer de local pour se mouvoir un peu plus à l'aise : tour à tour chez M. l'abbé Bróquin, dans la rue Neuve, dans la rue Saint-Luc, jusqu'à ce qu'enfin on put acquérir, au Balat, une vieille grange entourée d'un petit enclos, que l'on transforma en Maison-Mère de la Congrégation naissante.

A cette époque se rattache un épisode dont le récit jettera un nouveau jour sur la ferveur des premières Sœurs de la Communauté : c'est une petite instruction donnée par M. Juillard, ancien missionnaire diocésain, alors curé de Sainte-Christine de Saint-Flour, et mort chanoine de la Cathédrale. Qui n'a connu cette âme d'apôtre, cette parole de feu, ce cœur d'or, cette imagination ardente, cette piété communicative, cette foi à transporter les montagnes, ce saint original (ne le sont-ils pas tous ?) qui a fait tant de bien dans les postes divers qu'il a occupés ? C'était une fête de l'entendre et ce n'était jamais sans profit.

Se trouvant à Mauriac, le Supérieur de notre jeune Communauté le pria de dire quelques mots aux Petites-Sœurs des Malades.

Petites-Sœurs ! Ce mot lui servit de thème : il le trouvait si beau dans son humilité ! Petites-Sœurs ! Petites-Sœurs ! Non : mais *grrrandes Sœurs !* Et le voilà qui se représente une petite Sœur à la porte du ciel. — Qui êtes-vous, lui demande saint Pierre ? — Une Petite-Sœur des Pauvres. — Entrez… Et successivement les Anges, les Archanges, tous les chœurs célestes de lui poser la même question, et tous de dire : Montez plus haut ! plus haut ! plus haut ! la Petite-Sœur des Malades, des membres souffrants du bon Jésus ! Jusqu'où ne la fit-il pas monter, le saint prêtre ?… Il était si convaincu, si ému, si éloquent, qu'il nous fit tous pleurer, raconte le vénéré fondateur, présent à cette allocution chaleureuse.

Les Sœurs en éprouvèrent une grande consolation, et y puisèrent de précieux encouragements pour leur sainte entreprise ; la parole des saints est toujours fructueuse. Une autre parole, parole d'évêque celle-là, et de quel évêque ! vint complètement rassurer le petit troupeau, pasteur et brebis. A la retraite pastorale

(1866), Mgr de Pompignac, à Saint-Flour, fit au Supérieur le plus bienveillant accueil et approuva verbalement la nouvelle Congrégation, l'encourageant beaucoup à pousuivre une œuvre qui pouvait produire le plus grand bien. Quelque temps après, il lui écrivait les lettres les plus encourageantes : on pouvait donc se tenir en paix et travailler à l'aise ; on le fit et le succès couronna les efforts.

Nous nous arrêtons avec complaisance à ces premiers jours de la Communauté ; il y a tant de charmes à assister aux premiers pas de l'enfant, à ses premiers essais ! Tout y est simple, candide, naturel ; tout y est plein d'abandon, de confiance, d'heureuse témérité. Les plus grandes œuvres ont leur enfance, et ce n'est pas leur côté le moins instructif et le moins surnaturel. On y voit mieux l'action de la Providence, qui se sert de ce qui est faible pour arriver à ses fins, et qui se joue des événements et des hommes, pour confondre les puissants et les sages. Et puis, ces détails nous donnent encore une connaissance plus lumineuse de ces âmes d'élite que Dieu appelait à fonder une œuvre.

Quand une œuvre existe déjà, qu'elle a

fait ses preuves, et, pour être absolument dans notre sujet, quand une Congrégation religieuse compte des années et des siècles, qu'elle a pour elle la sanction infaillible de l'Eglise, et souvent la marque de la sainteté placée sur les autels, il est plus facile aux âmes que Dieu veut séparer du monde, de s'enrôler dans une religion si vénérable et si sainte. Mais vouloir créer soi-même une nouvelle famille religieuse, s'imposer une règle nouvelle, faire ce que l'on n'a jamais encore vu dans l'Eglise, affronter par conséquent toutes les épreuves de la contradiction, de la raillerie, presque de la persécution, n'est-ce pas de la folie divine et ne faut-il pas des âmes fortement trempées, des âmes héroïques ? Sœur Marie était de ce nombre ; si elle est à l'honneur, elle a été largement à la peine : elle y sera plus que jamais jusqu'à la fin de sa vie. C'est la norme chrétienne d'être d'autant plus humilié, crucifié, que l'on est plus près de Jésus.

Sœur Marie fut appelée auprès de M. Ganilhe, conservateur des hypothèques, tombé dangereusement malade : elle y passa quarante-quatre nuits sans presque aucune interruption ; la fatigue survint tout naturellement. Madame Noyer, la sœur du malade, se préoccupa de cette précieuse santé à laquelle elle devait tant : elle insista pour qu'au moins pendant la nuit la pauvre Sœur prît quelque fortifiant. La règle s'y opposait et Sœur Marie fut inébranlable.

Bientôt une bronchite se déclara, menaçante ; le docteur Chevalier, de si douce mémoire, exigea le repos absolu. Sœur Marie obéit ; mais elle se tourna du côté du Ciel, et le Ciel, qui la destinait à d'autres théâtres, rétablit un peu sa santé pour lui permettre de travailler encore. Mais, dès ce jour, elle est définitivement frappée ; elle se traînera plus qu'elle ne marchera ; victime elle sera pour la prospérité de l'Œuvre qu'elle a si heureusement commencée à Ally, continuée à Mauriac, et qui, maintenant bénie, approuvée par Mgr de Pompignac, va sortir d'une enfance pénible pour entrer dans une vigoureuse jeunesse.

III

SŒUR MARIE

(1867)

La première fondation ou le premier ermitage, comme on dit dans la Congrégation, eut lieu dans les premiers jours de 1867. Sœur Marguerite Counil, de Saint-Vincent-de-Salers, entrée dans la Communauté le 15 juillet 1866, voulut sacrifier son petit patrimoine à doter sa paroisse natale d'une Maison de Petites-Sœurs des Malades. Après quelques arrangements de famille et les négociations ordinaires en pareille occurrence, la fondation fut décidée.

Ne pouvant encore occuper la maison natale de Sœur Marguerite, on afferma un petit logement chez un brave cordonnier nommé Tiple, et les Sœurs s'y rendirent, le 8 janvier 1867, au nombre de trois : Sœur Marie, Supérieure, Sœur Marguerite et Sœur Jeanne. Ce départ, ce trajet fut le commencement de la voie douloureuse et de la voie royale de Sœur Marie.

Le chemin était long et pénible, on le fit à pied, en passant par Anglards-de-Salers, tandis que le petit mobilier, confié à un voiturier, resta deux jours en détresse à Longevergne. L'inondation de septembre 1866 avait détruit presque tous les ponts de la rivière de Mars et profondément raviné les chemins de la vallée. Arrivées à Saint-Vincent, le jour même de leur départ de Mauriac, les pauvres Sœurs étaient dépourvues de tout et ne savaient trop comment se tirer d'embarras. Le bon M. Lacombe, prêtre en retraite, leur offrit l'hospitalité. Mais Sœur Marie lui répondit avec son exquise politesse qu'à leur arrivée elles ne pouvaient désobéir à la règle. Elle emprunta un peu de pain et les Sœurs allèrent dans la maison de Sœur Marguerite, où elles trouvèrent quelques pommes de terre. La règle fut ainsi observée dès le premier jour.

M. Altier, curé de la paroisse, qui les vit venir avec tant de bonheur, se montra pour elles d'une paternelle bienveillance et leur procura quelques petits secours en attendant l'arrivée de leur pauvre mobilier. Il parut enfin, mais dans quel état ! Sœur Marie ne se découragea pas pour si peu.

elle savait depuis longtemps que la croix est le salut aussi bien pour les œuvres que pour les âmes de bonne volonté ; elle ne voyait dans tous ces contre-temps et toutes ces privations qu'une aimable attention de la bonne Providence.

Après avoir arrangé cette apparence de mobilier dans la chambre provisoire, elles s'y installèrent elles-mêmes, et sans plus tarder elles se mirent à l'œuvre avec ardeur et générosité.

L'occasion était belle. La petite vérole avait fait son horrible apparition dans la contrée et jeté l'épouvante au milieu des familles que décimait le fléau. Sœur Marie resta calme et courageuse ; elle apprit qu'une pauvre mère de sept ou huit enfants venait d'être frappée, elle y courut et pour prix de son dévouement elle y contracta la maladie contagieuse. Grâce aux soins aussi dévoués qu'intelligents du bon docteur, M. Dufayet de La Tour, elle fut bientôt sur pied et reprit son œuvre avec un nouveau zèle.

Plus tard, pendant l'hiver, un soir, elle fut appelée dans un village pour une femme dangereusement malade. Il était déjà tard et le village se trouvait éloigné du bourg.

Sœur Marie ne calcula pas les difficultés et vola au secours de la pauvre mère. Elle la trouva baignant dans une mare de sang : « — Sœur Marie, lui dit l'agonisante, je « me meurs. — Non, non, répondit avec « confiance notre habile hospitalière, cou- « rage, je vous sauverai ». Elle la sauva avec l'*ange* qui était l'occasion de cette hémorragie. Quelques heures plus tard, arriva le médecin, dont le ministere était maintenant inutile. « Oh ! Sœur Marie, lui « dit-il, je vous félicite ; vous avez tout « sauvé : sans vous, cette femme était morte ». De son côté, l'heureuse survivante bénissait Dieu de lui avoir envoyé Sœur Marie qu'elle considéra toujours comme son second sauveur.

Un autre jour, au village de Pépanie, une bonne vieille femme, habitant une miséra-ble chaumière, où la pluie et le froid avaient un plein accès, tomba malade. Sœur Marie fut appelée et lui passa la nuit sans feu, sans pain et mouillée jusqu'aux os. N'y tenant plus, elle alla trouver l'excellente Mademoiselle Conor, qui la remit un peu de son extrême fatigue.

Quelque temps après, on l'appela au Vaul-mier, paroisse voisine de Saint-Vincent. A

peine en chemin, un orage éclata et forma
bientôt un véritable déluge. La Sœur prit
son chapelet et continua son chemin, ne
pouvant sans danger s'abriter sous les
arbres. La voilà en face d'un ruisseau
devenu un torrent, et n'ayant pour pont
qu'une passerelle de quelques centimètres
de large. qu'effleuraient déjà les flots
furieux. Sœur Marie se trouvait seule : elle
hésita un instant. Que faire ? on l'attendait ; le malade était peut-être bien souf-
frant et en danger. Elle fit le signe de la
croix et s'aventura sur la solive tremblante.
A peine eut-elle mis le pied sur la rive
opposée que la passerelle se brisa, empor-
tée par les eaux. « O Sainte Vierge,
« s'écria la sœur toute émue, vous m'avez
« sauvée ! »

Un tel dévouement et des actes si héroïques étaient bien de nature à attirer l'attention et les sympathies de toute la vallée sur
l'ermitage de Saint-Vincent : les Sœurs
étaient en effet aimées, vénérées et surtout
largement mises à contribution par les
malades et les pauvres dont elles se faisaient les gardes, les médecins et souvent
aussi les charitables pourvoyeuses.

Cependant il fallait songer à une résidence plus en harmonie avec les exigences de la vie religieuse. La maison de Sœur Marguerite ne suffisant pas et n'étant pas asssez retirée et indépendante, les supérieurs décidèrent de construire une petite maison au sommet du même enclos, d'un accès difficile et rocailleux.

Sœur Marie, en sa qualité de prieure, fut obligée d'être la première à la peine encore plus qu'au commandement. Accompagnée de M. le Curé, elle passa dans les principales maisons de la paroisse pour demander des arbres et des aides ; elle parvint à rassembler les matériaux. La construction commença et Sœur Marie, malgré la faiblesse de sa santé, se mit vaillamment au travail, traînant les fardeaux et servant les ouvriers avec ses compagnes ; se faisant au besoin terrassière, architecte et manœuvre. Il fallait économiser à tout prix, car on était pauvre et les ressources de la charité, qui ne devaient jamais abonder, n'arrivaient que bien parcimonieusement dans ce pays peu fortuné. Sœur Marie, aidée quelquefois des Sœurs de la maison-mère, se mit à défoncer le terrain, à tracer des sentiers pour arriver sur le rocher qui devait servir de base à la nouvelle maison ;

on aurait dit un chantier de vieux moines défrichant les forêts et édifiant ces grands monastères qui ont duré des siècles et dont les ruines gigantesques et majestueuses attestent le labeur invincible et le génie de ces religieux pionniers. L'édifice de nos ermites devait être plus modeste et ne mit pas longtemps à sortir de terre, tout fier de dominer le bourg et même le château seigneurial des Dufayet de La Tour si élégamment restauré par ses nobles propriétaires.

Sœur Marie ne devait pas en voir l'achèvement complet ; les murs étaient faits, le toit levé et couvert ; mais on dut attendre la belle saison pour faire l'intérieur ; et la jeune Supérieure était appelée dans la ville de Notre-Dame des Oliviers, à Murat, pour y commencer une nouvelle fondation.

Les Petites-Sœurs allaient de Saint-Vincent jusque dans les paroisses du Vaulmier, de Longevergne, de Moussages et d'Anglards, pour y soigner les malades. La vénérable Sœur Marguerite, qui succéda comme Supérieure dans ce premier ermitage, dit que Sœur Marie avait laissé dans toute cette contrée des souvenirs précieux de prudence, de zèle et d'une charité héroïque. Elle était, ajoute-t-elle. d'une grande fermeté pour la pratique de la règle et d'un dévouement sans égal à tout ce qui intéressait la petite Congrégation.

Ce témoignage d'un témoin oculaire ne nous étonne pas, après tout ce que nous savions des premières charités de notre admirable Sœur ; mais il nous explique son rapide passage à Saint-Vincent et le choix qu'on fit d'elle pour lui confier la direction de nouvelles fondations importantes. D'aussi heureux débuts, au milieu de si multiples difficultés, révélaient en la jeune prieure une sagesse, un tact, une prudence presque consommés et qui devaient être précieux et nécessaires pour implanter convenablement l'œuvre jusque dans le chef-lieu du diocèse, car Murat ne fut qu'une étape de deux ans, assez longue cependant pour y laisser des souvenirs également ineffaçables.

IV

SŒUR MARIE A MURAT

(1867-1870)

A Murat, depuis longtemps, paraît-il,
les pauvres étaient trop souvent négligés
dans leurs maladies. Quelques dames de
l'œuvre de la Miséricorde, émues de cet
abandon et ne pouvant toujours y remédier
elles-mêmes, résolurent d'appeler les Petites-Sœurs de Mauriac, dont elles avaient
entendu louer le dévouement et l'ingénieuse
charité auprès des malades. Sœur Marie
fut désignée pour cette nouvelle fondation.
Le 18 novembre 1867, sœur Adèle, devenue
Supérieure générale de la Congrégation,
l'accompagna à Murat et l'y installa avec
Sœur Louise et Sœur Antoinette, qui lui
avaient été données pour compagnes.

Dans ce nouveau poste, elles trouvèrent
l'accueil le plus bienveillant de la part des
autorités religieuses et civiles. M. Char-
bonnel, curé-archiprêtre, voulut même
donner à cette installation la solennité
d'une fête religieuse : il chanta la messe et
donna la bénédiction du très Saint-Sacre-
ment ; les fidèles étaient venus à l'église en

très grand nombre et se félicitaient de cet heureux événement. « Cette fois au moins, « disaient tout haut les plus intéressés, les « pauvres et les indigents, nous serons « soignés chez nous par des religieuses ; « nous ne serons plus abandonnés. »

Le travail ne se fit pas attendre, le zèle des sœurs put se déployer immédiatement : les malades étaient nombreux et l'hiver fut d'une rigueur exceptionnelle. Les Sœurs exténuées de veilles et de fatigues étaient malades elles-mêmes et ne pouvaient plus agir. Sœur Marie se trouvait souvent dans l'embarras pour répondre à toutes les demandes ; son énergie ne se démentit pas, même auprès des plus grands personnages, quand la règle fut en jeu.

Un jour, on l'appela pour un pauvre malheureux ; la bonne Sœur, qui avait passé plusieurs nuits consécutives, se sentait bien fatiguée, mais elle n'eut pas le courage de refuser. « Je viendrai moi- « même », dit-elle. Un instant après, on la demanda pour un autre malade, pour un riche. « J'enverrai une Sœur », fit-elle ré- pondre. « — Mais, ma Sœur, c'est vous « qu'on désire. — Non, j'ai promis ail- « leurs, je ne puis pas venir ; mais soyez

« tranquille, vous aurez une Sœur. » La
dame ne se tint pas pour battue ; elle vint
elle-même trouver la jeune prieure, pen-
sant bien triompher de ses résistances. Mal
lui en prit. « Sœur Marie, lui dit-elle, sans
« trop de détour, vous viendrez chez moi ;
« la Sœur ira chez ce pauvre. Je ne veux
« pas que vous y alliez. — Oh ! Ma-
« dame, moi abandonner le pauvre ! Ja-
« mais. — Mais, ma Sœur, nous vous
« paierons, et nous voulons que vous
« veniez. » Sœur Marie, un peu indignée,
répondit net et ferme : « Madame gardez
« tout ; laissez-nous faire notre œuvre
« comme nous le devons ». La solliciteuse
fit ses excuses, n'insista pas davantage,
et ne récidiva plus, comme elle-même
l'avoua plus tard. C'est que Sœur Marie ne
connaissait que le devoir et la préférence
que, selon l'esprit de sa règle, elle devait
donner aux pauvres, aux délaissés ; elle ne
cédait pas. On le lui pardonnait facilement
et on ne l'entourait que de plus d'estime ;
d'ailleurs elle était si bonne, si dévouée !
Que de fois elle aurait, pour ses chers malades, succombé à la fatigue, si Dieu ne
l'avait soutenue comme par miracle !

Un jour, toute malade, elle passait la

nuit à un pauvre poitrinaire qui l'avait ré-
clamée avec instance ; peut-on rien refuser
à un poitrinaire ? Ils sont si intéressants,
si sensibles, et, hélas ! malgré eux, si exi-
geants parfois ! Sœur Marie était donc là au
chevet du patient, seule dans la maison.
Vers quatre heures du matin, elle se sentit défaillir, mais ne dit rien au malade
pour ne pas l'effrayer. Soudain elle tomba
par terre, évanouie. Le poitrinaire criait et
pleurait, personne ne l'entendait ; Sœur
Marie cependant se releva, le rassura, lui
donna encore quelques soins et rentra à
l'ermitage toute exténuée, se traînant à
peine. Ce n'est qu'un trait parmi tant d'autres, que les habitants de Murat pourraient
nous raconter.

Cependant Sœur Marie dut un moment
quitter l'ermitage Saint-Pierre de Murat (1) pour aller donner ses soins à une malade de Saint-Flour, Mme B... Monseigneur de Pompignac la demanda lui-même
à M. l'archiprêtre de Murat. C'était au
mois de septembre 1869. Sœur Marie obéit
à ses supérieurs et partit pour Saint-Flour.
La malade, auprès de laquelle elle était

(1) Tous les ermitages des Petites-Sœurs des Malades sont sous le vocable d'un saint.

envoyée, était atteinte d'un cancer au sein gauche, qui lui occasionnait d'horribles souffrances et demandait des pansements trois fois le jour. Sœur Marie resta trois mois auprès d'elle, toujours dévouée et vaillante. Mais sa santé, surmenée par des veilles presque ininterrompues, dépérissait a vue d'œil et la soumettait à des épreuves de tout genre.

Un jour le commissaire malavisé la fait appeler dans son cabinet et lui dit à brûle-pourpoint :

« Madame, que faites-vous ici ? D'où
« êtes-vous ? D'où venez-vous ? Votre
« nom ? Votre prénom ?... Il y en a tant
« de ceux qui se disent religieux et qui ne
« le sont pas. — Oh ! dit Sœur Marie
« sans perdre contenance, vous me prenez
« pour ce que je ne suis pas. Bon soir !
« Informez-vous ».

Elle fut cependant si émotionnée à la suite de cette entrevue qu'elle en eût un vomissement de sang.

Madame B. étant morte, Sœur Marie rentra à Murat, où ses Sœurs, depuis trop longtemps privées de leur Mère prieure l'attendaient avec une fiévreuse impatience. Sœur Marie savait se faire aimer ; elle était plus mère que supérieure, ses Sœurs étaient plutôt ses filles que ses compagnes.

Mais ce long séjour dans la ville épisco-pale lui avait attiré l'estime et la sympa-thie de tous ceux qui l'avaient vue de près et à l'œuvre. Une seconde fois elle y fut appelée par M. Gilibert, curé de Saint-Vincent. Sœur Marie obéit encore, mais avec quelque hésitation. Elle préférait res-ter, disait-elle dans son *petit coin* de Mu-rat. M. Estève, qu'elle soignait ne la retint pas longtemps : il mourut quelques jours après : Sœur Marie se hâta de rejoindre ses chères compagnes, de plus en plus persua-dées quelles en seraient bientôt orphelines.

V

SOEUR MARIE A SAINT-FLOUR

(1870-1895)

La fondation d'une maison à Saint-Flour, ville épiscopale, était vivement désirée par le fondateur, autant que par les deux curés de la cité. Aussi bien, grande fut la joie du Bon Père, quand M. Juillard, curé de Sainte-Christine, lui en fit la première ouverture, à Mauriac, où il se trouvait de passage.

Rentré à Saint-Flour, le zélé pasteur parla de son projet à Mgr de Pompignac, qui, peut-être avant lui, en avait eu la pensée. M. le Curé de la ville haute fut également mis au courant et voulut que l'ermitage fût établi dans sa propre paroisse. De là petite et sainte rivalité entre les deux pasteurs. Saint-Vincent l'emporta sur Sainte-Christine et Monseigneur sanctionna le triomphe. La question ainsi tranchée, on se mit en demeure de préparer l'habitation de la nouvelle communauté. Quand tout fut prêt, et pour les Petites-Sœurs ce n'est ni bien long ni bien luxueux,

il fallait une Supérieure de choix pour
assurer le succès de l'OEuvre dans le chef-
lieu du diocèse. Cette Supérieure était toute
indiquée. Sœur Marie, nous l'avons dit,
avait par deux fois séjourné à Saint-Flour,
où elle avait laissé de si bons souvenirs.
Monseigneur voulut Sœur Marie pour
prieure ; on ne pouvait hésiter ; on n'y
aurait jamais pensé du reste. Il était si doux
d'obéir au plus doux des évêques !

Mais Murat ne se croyait pas tenu à la
même soumission. Murat possédait et se
croyait de droit en meilleure condition.
Pasteur, magistrats, habitants protestent
et réclament absolument leur bien-aimée
Supérieure.

Celle-ci, profondément touchée de ces
bienveillantes démonstrations, garde un
religieux silence, mais supplie intérieure-
ment le Seigneur d'exaucer de si ardentes
prières. Elle redoute tant de monter plus
haut ! Murat lui suffit : elle s'y trouve si
bien !

Tout fut inutile, et l'humilité de la Sœur
et les vives instances des habitants de
Murat. Le prélat resta invincible. Sœur
Marie sut obéir et reconnaître dans cette
volonté suprême la volonté même de Dieu

qui l'appelait à Saint-Flour pour le reste de sa vie.

Le 26 janvier 1870, sous la conduite de leur vénéré fondateur, les Sœurs Marie, Célestine et Régis entrèrent à Saint-Flour, dans l'après-midi, après un voyage pénible et froid. M. Gilibert, archiprêtre de Saint-Vincent, leur offrit la plus aimable hospitalité, qui les remit un peu de leurs fatigues et rassura la timidité naturelle de la jeune prieure Les Sœurs se rendirent ensuite chez Mgr l'Evêque, qui tout heureux de leur arrivée, les reçut avec joie et les bénit avec effusion. Il devait être si bon pour les Petites-Sœurs.

Cependant malgré cet accueil si cordial du pasteur et ces bénédictions si paternelles de l'Evêque, il y eut bien quelque déception en entrant dans la demeure provisoire qui leur était destinée. Pour faire vite on avait fait trop peu. Tout y était dans le plus complet dénûment. Le Bon Père en eut le cœur serré... Il donna à ses pauvres filles tout ce qu'il avait d'argent pour subvenir aux premières nécessités, et néanmoins il repartit content. L'ermitage si désiré de Saint-Flour était fondé : les sœurs étaient animées des meilleures dispositions et remplies d'espérance. Dieu ne pouvait que bénir une confiance si filiale, un abandon si parfait à sa douce Providence.

Sœur Marie se mit résolument à l'œuvre; là comme ailleurs, elle eut la bonne fortune d'arriver en pleine épidémie : la fièvre typhoïde régnait dans toute la cité, jusque dans les établissements publics. De tous côtés on demandait les Sœurs et principalement Sœur Marie, car on lui faisait déjà la réputation qu'elle avait à Murat, d'*en savoir autant que les médecins*. Il paraît bien qu'en certaines circonstances, même les plus experts reconnaissaient son talent médical : le Dieu des sciences ne peut-il pas éclairer qui il veut sans le concours de l'étude et du savoir humain? Quoi qu'il en soit, dès le premier jour, on eut pleine confiance dans les Sœurs, qui firent preuve d'un dévouement à toute épreuve. Bientôt, elle ne purent suffire à leur travail, il fallut, au bout de cinq ou six mois, leur adjoindre une quatrième ouvrière.

Mais comment raconter, même en abrégé, la vie de Sœur Marie à Saint-Flour, pendant les vingt-cinq ans qu'elle y a passés en faisant le bien. La vie d'une prieure des Petites-Sœurs, c'est la vie de toutes ses compagnes d'ermitage, dont elle partage les travaux et les fatigues, et dont elle doit être le modèle et le guide parfait ; c'est la vie de tous les malades, de tous les indigents, de toutes les familles, auprès desquelles elle est appelée pour son ministère de charité et de dévouement. Toutes ses journées se ressemblent : il n'y a d'autre variété que celle des incidents, des différences de personnes, de situation, de caractère ou de maladie. Il n'y aurait qu'un « journal » régulier où les « annales de l'ermitage et de la Congrégation » qui pourraient nous donner exactement ces détails. Sœur Marie ne faisait pas son « journal » ; les « annales de la communauté » sont brèves et ne notent que les faits les plus saillants des nombreuses fondations. L'ermitage lui-même est généralement très sobre — trop peut-être — de chronique religieuse, et ne vise nullement à une renommée quelconque dans les âges futurs.

Nos bonnes Sœurs se préoccupent avant tout de soigner leurs malades, de sauver leur âme, de se sauver elles-mêmes par la charité extérieure et intérieure, par le

double amour de Dieu et du prochain.
Mais il ne leur est pas défendu cependant
de consigner dans leurs archives particulières, et même, quand il doit en résulter
quelque bien, de laisser produire au dehors
les traits édifiants et les vertus de celles de
leurs compagnes que la Providence a plus
particulièrement favorisées de ses grâces.
C'est ainsi que, par l'intermédiaire de
celle qui fut sa compagne assidue et si
fidèle, nous savons de Sœur Marie quelque
chose de son long supériorat à Saint-Flour.
Pourrons-nous donner quelque couleur
locale, quelque vie à ces notes rapides et
les rendre aussi intéressantes à la lecture
qu'elles sont chaudes et édifiantes? Les
témoins et les admirateurs de la défunte
suppléeront à l'inexpérience de notre
plume, déjà bien tentée de s'arrêter devant
cette âme, obscure jusqu'ici, et qui va
emprunter à ses longues souffrances quelque chose de l'auréole des martyrs. Que
l'on nous pardonne au moins de donner
nous-mêmes, dans les pages qui vont suivre,
presque la régularité et la monotonie d'un
journal écrit au jour le jour!

La première année de Sœur Marie à
Saint-Flour (1870), nous l'avons déjà dit,

fut des plus laborieuses. Il fallut même
répondre à l'appel du supérieur du Petit
Séminaire. Un professeur était très dangereusement malade. Pendant plus de deux
mois, Sœur Marie suffit presque seule à la
garde du ministre de Dieu, qui, après sa
guérison, ne tarissait pas d'éloges sur
l'habileté et le dévouement de la Petite-
Sœur.

L'année 1871 n'imposa pas moins de
travail et de fatigues. Au collège, les élèves
étaient tombés malades en grand nombre.
M. le Principal supplia Sœur Marie de
venir leur donner ses soins ; elle accepta et
remplit ce rôle de mère avec un tact et un
dévouement sans pareils. Mais ses forces
ne suffirent pas au labeur : et un nouveau
vomissement de sang l'obligea à s'arrêter
tout en donnant l'alarme et jetant la cons-
ternation dans la petite communauté san-
floraine. Ses Sœurs la conjurèrent de
prendre quelques jours de repos, et de
ménager un peu plus ses forces épuisées.
Mais Sœur Marie, quand il s'agissait d'elle-
même, en avait bientôt fini avec les ména-
gements ; elle déjoua toutes les saintes
industries inspirées par l'affection alarmée
de ses compagnes. — Un jour, tandis

qu'elle se disposait à aller veiller un malade, les Sœurs l'avaient fermée dedans : elle passa par la fenêtre. Le lendemain seulement on s'en aperçut. « Pauvre Mère, « vous n'êtes pas raisonnable. Que ferons- « nous quand vous serez tout à fait malade? « lui dirent un peu émues les deux com- « plices ». Sœur Marie se tut et continua. Cette fois le Prélat, prévenu, intervint, appela Sœur Marie et lui interdit d'aller, jusqu'à nouvel ordre, veiller les malades. La réclusion dura un long mois : le père était aussi inflexible que la fille pressée de reprendre son œuvre de dévouement. L'occasion, d'ailleurs, la favorisait, et le cœur de l'Evêque était aussi compatissant que celui de la charitable prieure. Les jeunes mobilisés étaient nombreux à Saint-Flour, à ce moment-là, et beaucoup d'entre eux se trouvaient malades. Sœur Marie se fit leur mère et leur quêteuse : à celui-ci, elle procurait un vêtement plus chaud; à celui-là, plus fatigué, un peu de bon vin ; à tous elle donnait une bonne parole, un encouragement avec un inoubliable sourire.

« Ah ! disait-elle souvent à ses compagnes, « je n'aimerais pas une Sœur qui ne saurait « pas compatir aux misères des autres ».

En 1872, c'était le tour des prisonniers,
au nombre de quarante-quatre ; la fièvre les
étreignait. Sœur Marie l'apprit et alla droit
à la prison, ignorant les formalités requi-
ses pour s'en faire ouvrir la porte et les
cellules. Le gardien la repoussa : sa cornette n'était pas officielle. Sœur Marie
s'adressa au procureur, M. de Douet, de si
distinguée mémoire. « Volontiers et de
« bon cœur je vous autorise, ma Sœur, à
« voir les prisonniers ; faites-leur autant
« de bien que je pourrai leur faire de mal. »

Cette belle réponse, aussi charitable que
spirituelle, dilata le cœur de la solliciteuse,
qui se crut triomphante. Elle vola à la
prison. « Ma Sœur, lui dit encore l'inexo-
« rable gardien, cela ne suffit pas ; il me
« faut l'autorisation de M. le sous-préfet. »
— « Ah ! vous voulez m'entraver ? Je
« l'aurai cette autorisation. » Elle partit
pour la sous-préfecture, dont la porte lui
était largement ouverte. « Soyez tranquille,
« ma Sœur, répondit le digne sous-préfet.
« Venez, je vous accompagne. — Gardien,
« je vous ordonne de laisser l'entrée de la
« prison absolument libre à la bonne Sœur
« chaque fois et autant qu'elle le voudra
« et que l'exigera le soin des détenus. »

Sœur Marie profita immédiatement de la permission si gracieusement octroyée et entra dans la cellule d'un pauvre malheureux qu'on lui avait désigné. Elle le trouva sans connaissance et dans le plus complet dénûment. Indignée, elle fit de vifs reproches au gardien et lui ordonna de lui apporter immédiatement tout ce qui était nécessaire. En attendant, elle s'approcha avec sa compagne, prodigua ses soins à l'infortuné, releva son courage, le fit placer dans une chambre à feu et bientôt son cher malade entra en convalescence.

A l'hôtel Malassagne, elle fut appelée auprès d'un commis-voyageur, atteint de phtisie, et longtemps rebelle aux choses religieuses. Quand elle lui parla de confession, elle reçut pour toute réponse un « f...-moi le camp » bien articulé. Sœur Marie resta là, disant le chapelet. Trois jours se passèrent ainsi : le malade étant vers la fin, elle revint à la charge. « Donnez-moi la paix »; ce disant, le malheureux saisit un couteau et cherche à se couper la la gorge. La bonne Sœur le lui enlève et lui reproche sa lâcheté. « Passez à la porte, cela ne vous regarde pas ». Elle s'assied. « Vous êtes une ânesse, vous ne

« comprenez donc rien ? Elle sortit et
revint presque aussitôt accompagnée de
M. Gilibert, curé de la paroisse. Elle
entra seule. « C'est le moment de vous
« exécuter ; vous allez mourir, dit-elle
« affectueusement au pauvre endurci. »
Celui-ci la regarde en face : « — C'est
« pour tout de bon ? — Vous ne voulez
« peut-être pas mourir comme un chien ?
« Il faut vous confesser où je vous aban-
« donne », et elle prend la porte. — « De
« grâce, Sœur Marie ne m'abandonnez
« pas ! » M. le curé entre alors. Le voya-
geur parut s'effaroucher devant la soutane
noire. On mit bien longtemps à discuter
avec le prêtre et la Sœur. Mais enfin il se
confessa vers les trois heures du soir. Le
lendemain il communia, et vécut encore
dix jours dans de grands sentiments de foi ;
après avoir plusieurs fois communié dans
ce court intervalle, il mourut en paix, à
l'âge de cinquante ans. Les Petites-Sœurs
l'avaient soigné durant quatre longs mois.

Cette même année, les assises eurent à
s'occuper d'une affaire retentissante et qui
amena à Saint-Flour un détachement de
la garnison d'Aurillac. Les Ondé avaient
été pris et traduits aux assises. Sœur Marie

eut à veiller tout ce monde, soldats et détenus. Que de secours, même de petites gâteries, elle leur procura ! A Saint-Flour, les âmes généreuses ne manquent pas ; Sœur Marie les connaissait et elle en était connue. « Ah ! mesdames, leur disait-elle « ingénûment, vous êtes bien, là, dans « votre salon ; mais les prisonniers et les « soldats souffrent là-bas !... Il fait froid, « voyez-vous ; il faut me donner quelque « chose, tout m'est bon : un tricot, un « pantalon, des bas, du vin... » On ne pouvait lui résister, on était si heureux de son bonheur, car à mesure qu'on chargeait ses bras, son visage se transfigurait et disait sa joie avec la reconnaissance de ses protégés.

Ainsi chargée d'aumônes, elle allait sans retard les distribuer aux nécessiteux. Rien ne l'arrêtait : ni la neige, ni la pluie, ni la glace, ni le froid, ni le vent. Elle s'oubliait elle-même au point de se contenter très souvent pour tout déjeûner d'un morceau de pain qu'elle avait pris dans sa poche.

Novembre arriva ; les Ondé susdits furent condamnés : le père à la peine de mort, la mère à perpétuité, les deux fils à huit ans de réclusion, etc. « Toute une famille

« dans le malheur ! » disait la Sœur Marie, qui les avait visités en prison. Son cœur était brisé de tant d'infortune. Pendant les quarante jours qui précédèrent l'exécution capitale, elle assiégea littéralement la cellule et le cœur de ces condamnés et leur prodigua, avec les soins matériels, tout ce que sa compassion lui dicta de bonnes, de tendres et d'encourageantes paroles. Le père surtout lui inspira plus de commisération ; c'était le plus coupable et le plus puni. Il allait mourir ! Était-il converti ? Se repentait-il de son crime ? En demandait-il pardon à Dieu ? Toutes ces questions se pressaient dans le cœur de la charitable visiteuse et son zèle redoublait pour le salut de cette âme à la veille de paraître devant le Juge des juges. Un jour qu'elle lui avait parlé avec toute sa douceur si persuasive, le pauvre condamné s'écria tout en larmes : « Tenez, ma Sœur, je me confesserai à « vous ! » Et, ce disant, il lui avoua en toute franchise des choses importantes. Sœur Marie resta silencieuse et discrète, mais alla tout confier à Mgr de Pompignac, qui fondit en larmes ; il envoya aussitôt un prêtre pour voir le malheureux et le confesser. Sœur Marie en remercia le bon Dieu et continua jusqu'à la fin de la douloureuse quarantaine son ministère de sainte charité.

Enfin arriva le jour du départ pour Saint-Bonnet-de-Salers, où devait avoir lieu l'execution. Sœur Marie fut chargée de l'annoncer au malheureux. Elle lui donna le crucifix, lui attacha une image du Sacré-Cœur au vêtement et le recommanda comme une mère au prêtre chargé de l'accompagner au supplice. Elle porta la délicatesse jusqu'à recommander au gendarme de ne pas trop serrer les menottes pour ne pas le faire souffrir. Elle le suivit à la voiture cellulaire, lui donna ses derniers encouragements et reçut ses remerciements avec ses adieux.

Sœur Marie était tout à la fois triste et joyeuse : triste, qui ne le serait pas en pareille occasion ? joyeuse, elle pouvait l'être à bon droit ; elle avait gagné une âme à son Dieu.

Les émotions qu'elle avait éprouvées dans cette pénible circonstance, les fatigues qu'elle s'était imposées devaient avoir leur contre-coup dans cette santé si débile ; une bronchtie se déclara et le docteur conseilla une saison aux eaux de la Chaldette. C'était au mois d'avril (1872). « La retraite

« approche, dit Sœur Marie, il faut que j'y
« assiste. » Elle partit pour Mauriac, fit
une visite à Saint-Projet que l'on venait
d'acquérir et rentra à Saint-Flour encore
plus fatiguée et bien décidée à garder la
cellule. Mais le bon Évêque veillait sur cette
santé précieuse. « Partez, ma fille, lui dit-
« il, allez à la Chaldette. » Sœur Marie, en
religieuse obéissante, s'y rendit avec Sœur
Célestine pour la soigner ; le voyage fut
long et pénible. Sœur Marie ne put sup-
porter le traitement ; c'est à peine si elle
prit quelques gorgées d'eau et encore avec
beaucoup de précautions. Le médecin de
l'établissement pronostiqua un commencement de maladie de cœur. La malade reprit
le chemin de Saint-Flour et ne tarda pas à
éprouver un mieux sensible ; elle en profita
comme elle fera toujours dans les rares
intervalles de ses maladies, pour se remet-
tre à son œuvre chère, au soin des malheureux.

Ce fut à ce moment que, pour la première fois, nous eûmes l'occasion de la voir
à l'œuve, au Grand Séminaire même, dont
la porte lui fut ouverte par le vénérable M.
Péreymond. Un de ses confrères en religion, M. Payralbe, de Lavergne, paroisse de

Chalvignac, rentré des missions de Chine, malade et infirme, avait été envoyé en convalescence à Saint-Flour. Malgré les soins les plus empressés, tels qu'on les trouve en religion, le cher malade ne guérissait pas. La paralysie était devenue complète; il fallait passer les nuits. Le bon supérieur, ne voulant pas trop fatiguer ses collègues ni ses jeunes séminaristes, se vit obligé de faire appel au dévouement des Petites-Sœurs. Tout naturellement, la prieure prit sur elle se surcroît de travail; et comme elle sut conquérir l'estime autour d'elle ! Il nous souvient de son grand air que relevait sa simplicité. « Qu'elle est bien, cette Sœur ! » disions-nous tous en la voyant si digne, si discrète, si silencieuse, si humble et si intérieure.

Mais elle ne faisait pas que cela. Après avoir veillé toute la nuit au Grand Séminaire, elle allait visiter les pauvres du Faubourg, soit le matin, soit le soir, et par quels chemins, grand Dieu ! Que de fois, l'hiver, elle se vit obligée de quitter sa chaussure et de marcher ainsi sur la glace. Aussi bien la pauvre Mère y mettait longtemps pour remonter. « Où est-elle, se « disaient les autres Sœurs moins attar-

« dées, où aller la chercher ? Cette fois elle
« en fait trop ! On nous la rapportera
« morte ! » Elle rentrait enfin, toute tran-
sie de froid, mais non convertie ; le lendemain, elle recommençait ; se donner était
sa vie, elle ne comprenait pas autrement
son rôle, ou, disons mieux et plus religieu-
sement, sa vocation de Sœur garde-malade.

Au mois de mai 1873, Sœur Marie devint
de plus en plus fatiguée ; l'enflure des jambes lui rendait la marche presque impos-
sible ; l'époque de la retraite était venue ;
elle y alla quand même. Arrivée à Mauriac,
la veille de Notre-Dame des Miracles, elle
courut aussitôt se prosterner aux pieds de
l'antique Madone et se mettre de nouveau
sous sa maternelle protection. Le lendemain, elle voulut suivre la longue procession de la fête de Notre-Dame des Miracles ;
on s'y opposait, on savait qu'elle ne le pouvait pas. « Laissez-moi faire, répondit-elle,
ce sera la dernière fois, je le sens ! » Elle
disait vrai. Arrivée à Saint-Projet, à pied,
et toute souffrante, elle suivit péniblement
la retraite et reprit le chemin de Saint-
Flour, où on l'attendait avec impatience,
anxieux que l'on était de ne la voir plus revenir. Voici du reste la belle lettre que

Monseigneur de Pompignac adressait au Supérieur de Sœur Marie ; elle dira, mieux que nous ne saurions le faire, les sentiments de l'Evêque et de la ville épiscopale pour notre petite Sœur. Nous la transcrivons intégralement sur l'original, que nous conservons avec vénération dans nos modestes archives. Elle est datée du 18 mai 1872 et adressée à M. Serres, fondateur et Supérieur de la Congrégation des Petites-Sœurs des Malades.

« Mon cher abbé,

« Conformément à l'invitation que vous
« lui avez adressée, la Supérieure de nos
« Sœurs garde-malades s'est rendue à Mau-
« riac pour y suivre les exercices de la
« retraite annuelle. On se préoccupe ici de
« la crainte que vous ne lui donniez une
« nouvelle mission ; et une des principales
« autorités de notre ville, un de nos magis-
« trats les plus chrétiens, est venu nous
« prier de conjurer cette éventualité. Vous
« n'avez point sans doute oublié que je vous
« ai déjà demandé, dans l'intérêt de l'œuvre
« si bien commencée à Saint-Flour, une
« sorte d'inamovibilité en faveur de cette
« Sœur, du moins pour un certaien nombre
« d'années encore.

« Je ne sais si cette mesure est en oppo-
« sition, avec les constitutions que vous
« avez données à votre congrégation, mais
« le serait-elle, n'hésitez point à faire une
« exception qui me paraît très motivée, et
« qu'au besoin je réclame d'autorité, pour
« prévenir les embarras où me jetterait un
« refus de votre part.

    « Agréez, mon cher abbé, l'assurance
« de mes meilleurs sentiments.

        « † P. A., *Evêque de Saint-Flour.* »

Les termes de cette lettre épiscopale nous révèlent avec éloquence les mérites de Sœur Marie : les habitants de Saint-Flour se préoccupent de la crainte de la perdre ; un magistrat des plus chrétiens se fait leur interprète auprès de l'Evêque, et l'Evêque réclame d'autorité l'inamovibilité de la Supérieure. Qu'on pense et qu'on dise ce que l'on voudra, mais une Sœur qui au bout de deux ans seulement, mérite de tels éloges et de la part de tels personnages n'est pas la première venue, et l'on peut se demander avec raison ce qu'aurait pu dire, après vingt-cinq ans de travail et de dévouement de Sœur Marie, le grand Evêque qui écrivait ces lignes ?

Sœur Marie rentra donc à Saint-Flour pour y continuer sa mission. Mais sa santé dépérissait chaque jour : elle pouvait à peine marcher, les pieds enflés ne supportaient guère plus de chaussure ; elle se traînait cependant et allait encore visiter ses chers prisonniers. Mais enfin il fallut s'arrêter, garder la chambre et passer les nuits comme les jours sur une chaise ou dans un pauvre fauteuil, que la charité lui avait offert. Les suffocations ne lui permettaient pas de se mettre au lit et l'anémie augmentait de jour en jour. Monseigneur de Pompignac, alarmé d'un état si près de l'agonie, en parla à un professeur de la Faculté de Paris, mandé à Saint-Flour auprès d'un autre malade, et le pria de faire une visite à Sœur Marie. Le docteur déclara la tuberculose générale et une hydropisie profonde. A son avis, la religieuse n'en avait que pour quelques cinq ou six mois au plus. Effectivement elle déclinait rapidement, et pendant quarante jours elle ne prit pour toute nourriture qu'un peu de lait. Elle ne mourut pas encore, mais elle mourait tous les jours ; son corps se décomposait tout vivant : les remèdes n'aboutirent guère qu'à multiplier ses souffrances. La sainte patiente ne pouvant quelquefois retenir ses larmes, dans l'intensité de la douleur, elle gardait néanmoins son angélique sourire et tout son courage. Ce martyre durait depuis deux ans, quand on crut qu'elle approchait de la fin.

L'enflure éclata : l'eau coulait avec une telle abondance qu'il fallut interner les jambes dans une caisse remplie de sciure de bois, les chairs se déchiraient, se détachaient et tombaient en lambeaux.

Sœur Marie résistait cependant et dut se résoudre à passer l'hiver comme elle avait subi l'été. « Pauvre martyre ! » c'est le cri unanime de tous ceux qui la voyaient. Unanimes surtout étaient les sympathies des bons habitants de Saint-Flour, qui, émus de tant de souffrances contractées au service des malades et des pauvres, témoignaient à la grande infirme leur intérêt et leur gratitude par mille petites attentions. Mais personne ne se distingua autant dans ce concours de sympathies et de charité que le bon Évêque, dont nous ne nous lassons pas d'écrire le nom et de rappeler les bienfaits. Voyant depuis longtemps Sœur Marie privée de la sainte messe et de la communion, il avait voulu lui procurer l'une et l'autre en faisant convertir en oratoire la petite chambre voisine de son infirmerie.

Le 15 juin 1875, le jour même où le Prélat consacrait son diocèse au Sacrè-Cœur de Jésus, Mgr Jalabert, protonotaire apostolique, vicaire général, inaugura la petite chapelle de l'ermitage. Sœur Marie fut au comble de la joie et à partir de ce jour la sainte messe y fut célébrée très souvent, grâce à la charité de plusieurs ecclésiastiques, pour lesquels les Sœurs de Saint-Flour gardent une particulière reconnaissance.

L'année 1876 n'apporta aucune amélioration au pénible état de la patiente, tout au contraire, le médecin finit par l'abandonner, la jugeant inguérissable. Maintes fois à la suite de violentes crises, on la crut aux portes du tombeau ; si bien que son Supérieur crut devoir se hâter d'arriver à Saint-Flour pour la bénir une dernière fois et présider ses obsèques.

Ces alertes se répétèrent souvent ; pendant sa résidence à Saint-Flour, elle reçut le sacrement de l'extrême-onction au moins six fois et cinq fois ce sacrement opéra sur

Sœur Marie comme un prodige de résurrection ; on aurait dit que pour reprendre connaissance et revenir à la vie, elle attendait de recevoir ce sacrement qui avait une action véritablement merveilleuse sur elle. Mais si Sœur Marie ne mourait pas, la mort frappait autour d'elle des coups qui avaient de profonds retentissements dans sa nature sensible.

Un jour, en 1877, Monseigneur de Pompignac qui, bien infirme lui-même, avait daigné visiter souvent la pauvre recluse immobilisée sur son fauteuil, vint lui faire une dernière visite et lui donner avec sa bénédiction ses meilleurs encouragements. Sa Grandeur voulut même la confesser encore... « Monseigneur, lui dit Sœur « Marie, vous vous en allez, revenez bien- « tôt et en bonne santé ; je vais bien offrir « mes souffrances pour vous, parce que je « ne puis pas bien prier. — Merci bien, « chère petite, répond le saint Prélat. « Oh ! je reviendrai bien, mais dans une « bière. — Non, Monseigneur, le bon « Dieu vous gardera. » Hélas ! Monseigneur avait dit vrai : il fut ramené à Saint-Flour dans un cercueil ! Notre-Dame des Miracles avait reçu le dernier soupir et le dernier battement de ce cœur si bon et si grand, le samedi, 23 mai 1877.

Cette mort, qui mit en deuil tout le diocèse de Saint-Flour, si fier de son évêque, fut un coup de foudre pour notre malade : « Le bon Dieu pouvait bien me prendre et « laisser Monseigneur, » disait-elle à ses compagnes. Monseigneur cependant n'avait pas oublié Sœur Marie ; il l'avait spécialement recommandée à son secrétaire particulier M. l'abbé Tissier, qui dès lors fut l'ange conducteur de son âme jusqu'à son dernier jour.

L'arrivée du nouvel Évêque, Monseigneur Baduel, inspirait quelque crainte à la timidité naturelle de Sœur Marie ; cette crainte fut promptement dissipée. Ces deux âmes se comprirent vite : Mgr Baduel était éminemment bon et d'une charité aussi large que discrète ; il fit souvent de Sœur Marie l'intermédiaire de ses aumônes. Digne successeur du père spirituel de Marie, sans diriger sa conscience, il la visitait souvent et lui parlait toujours avec la plus paternelle bienveillance.

En 1880, pendant la retraite des Sœurs, prêchée à Saint-Flour par M. Delmas, archiprêtre de Saint-Vincent, le Bon Père proposa à Sœur Marie de faire les vœux perpétuels. Elle en fut toute heureuse. Mais en était-elle digne? Sans doute puisqu'on le voulait. Néanmoins, en toute humilité et simplicité, elle consulte sa petite infirmière, témoin quotidien de ses actes et presque de ses pensées les plus intimes, car pour elle Sœur Marie n'avait guère rien de caché. Sur sa réponse évidemment affirmative, Sœur Marie se rassure et de nouveau se consacre au Seigneur. Cet holocauste spirituel dut lui être bien agréable sans doute (il était si pur et si beau !), car Il lui continua la grâce et le mérite de la souffrance et de la croix.

Cependant, disaient les nombreux amis de la pauvre infirme, « il faut que la sainte guérisse »; et ils faisaient des neuvaines successives à Notre-Dame de Lourdes, à saint Joseph, aux âmes du Purgatoire. C'était en vain. Sœur Marie ne guérissait pas. Elle s'en consolait du reste, et portait sa croix avec une sainte résignation, bien persuadée que par la souffrance elle pouvait faire autant de bien que par le travail du jour et de la nuit.

Un jour, Mademoiselle de Lamoureyre, fidèle amie de la Sœur, voyant que tant de prières restaient sans succès, lui demanda si elle n'avait jamais fait de neuvaine au Sacré-Cœur de Jésus. — « Oh ! si, mais « sans doute que nous ne prions pas bien, « puisque Dieu ne nous a pas exaucées. « — Si vous priez bien ; mais, tenez, nous « allons écrire aux religieuses du Sacré- « Cœur de Conflans, afin que, par l'inter- « cession de la Vénérable Mère Barat, leur « fondatrice, le Sacré-Cœur vous gué- « risse... »

On fit une première neuvaine sans suc- cès ; une seconde commença, c'était au mois de juin, un dimanche, M. le chanoine Cibiel allait dire la messe dans la chapelle de l'ermitage. On fit rouler le fauteuil jusqu'à la petite porte de communication ; Sœur Marie put y suivre le saint sacrifice et voir le prêtre à l'autel. Au moment de l'élévation elle se mit à genoux : il y avait près de sept ans qu'elle n'avait pu bouger. Un frisson d'indicible surprise saisit son infirmière, qui ne pouvait en croire ses yeux ; à la communion, même mouvement, même suprise. Après la messe, on voulait reconduire le fauteuil et la malade à la place habituelle : « Non, dit Sœur Marie, donnez-moi le bras ». Elle marcha.

Durant toute la matinée elle fut calme et joyeuse dans son humble fauteuil. Ses compagnes, témoins émues de ce changement extraordinaire et de cette joie en furent effrayées, et y virent en tremblant, comme un avant-coureur de la fin prochaine. A midi elles laissèrent leur Mère seule dans sa cellule, et allèrent prendre leur réfection. Quelques instants après, elles entendirent ces parole affectueuses : « Bon appétit, mes filles ! » C'était Sœur Marie qui venait les voir ; elle marchait seule ! Les Sœurs de plus en plus saisies lui témoignent leur filiale surprise : « N'ayez pas peur, dit-elle, je suis guérie ! »

On veut s'en assurer ; on visite ses plaies ; elles ont disparu ; il n'en reste que des traces violacées.

Pour compléter une guérison si extraordinaire, si miraculeuse, Madame de Longevialle, née de Caissac, emmena Sœur Marie au château de Bron, afin de lui faire respirer l'air de la campagne ; elle n'était pas sortie depuis sept ans ! Elle en revint au bout de peu de jours paraissant parfaitement guérie. Pendant cette courte absence, une épidémie de petite vérole avait éclaté à Saint-Flour (1881) : les Sœurs se

dévouèrent nuit et jour ; l'une d'elles fut
atteinte et réclamait sa chère prieure : « Si
je la vois, disait-elle, je serai guérie ». Monseigneur Baduel s'opposa à ce retour dans
la communauté, craignant que le fléau ne
frappât Sœur Marie. Une dame de la ville
donna asile à la Mère prieure, lui cachant
avec soin l'état de la Sœur malade. Malgré
toutes les précautions Sœur Marie finit par
savoir la situation et le danger de sa compagne. Rien alors ne put la retenir, elle se
rendit à son chevet. On eut beau lui faire
observer qu'il y avait pour sa frêle santé
un danger grave : « N'importe, répliqua la
« généreuse Mère, c'est mon devoir, je ne
« quitte plus l'ermitage ».

Au mois de septembre, Sœur Marie, se
sentant quelque force, reprit ses bonnes
œuvres avec une nouvelle ardeur ; elle
passa même les nuits à son tour. Tout le
monde criait au miracle, et M. Delmas,
curé de Saint-Vincent, envoya le certificat
du médecin avec ses propres appréciations
aux religieuses de Conflans pour leur faire
part de cette guérison merveilleuse. Les
saintes filles de la Vénérable Mère Barrat,
toutes fières de la protection si efficace de
leur fondatrice, écrivirent des lettres de

félicitation à leur heureuse obligée. Parmi ces lettres, nous aurions voulu en donner une, plus particulièrement touchante, écrite par Mademoiselle Lavialle, de Mauriac, à cette époque religieuse au couvent du Sacré-Cœur de Pau, mais l'humilité de Sœur Marie avait eu le soin de la faire disparaître avec toutes les autres.

Nous aurions voulu aussi insérer dans cette Notice le certificat du médecin et l'attestation écrite de M. l'archiprêtre de Saint-Flour : nous les avons demandés à la communauté du Sacré-Cœur de Conflans. On nous répond : « Les lettres et les certificats « relatifs à la guérison de Sœur Marie se « trouvent parmi les pièces concernant le « procès de notre Vénérable Mère fonda- « trice, et Rome n'en permet pas la publi- « cation... »

Cependant, si le Seigneur avait un peu adouci les douleurs de sa fidèle servante, et semblait lui avoir donné une santé nouvelle, il l'éprouvait d'une autre manière, plus intime, plus cachée, qui n'en devenait pas moins crucifiante. Mais, ici, nous ne pouvons qu'en toucher un mot discret, il est de ces choses que tout le monde ne peut pas comprendre. Les délaissements inté-

rieurs, les difficultés religieuses, les peines
domestiques, autant de moyens qui ser-
vent à purifier, à élever les âmes fortement
trempées. L'épreuve fut dure et longue ;
elle alla jusqu'à noircir la réputation de
Sœur Marie, et à lui enlever l'estime et
l'affection non seulement de ses amis, mais
même de ses premiers supérieurs. Cela
peut scandaliser les chrétiens ordinaires,
mais nous lisons de semblables épreuves
dans la vie de tous les saints. Ne faut-il
pas qu'ils aient ce trait de ressemblance
avec leur divin Maître? Le disciple n'est
pas au-dessus du Maître : Jésus a été mé-
connu, calomnié, les saints doivent l'être.

Ce ne fut qu'un orage sans consistance ;
la lumière se fit ou plutôt ne cessa jamais
de luire sur la sainte religieuse ; mais
qu'elle en souffrit ! Il nous a été donné de
la voir quelquefois durant ces rudes épreuves, et d'entendre de sa bouche quelques
paroles à peine révélatrices de ce que nous
savions par d'autres. Disons à sa louange
que son âme resta toujours sans trouble et
son cœur sans fiel. Une seule chose la pré-
occupait : « Je crains qu'en tout cela Dieu
« ne soit offensé. »

La retraite de 1884, prêchée à Saint-

Flour, lui donna un surcroît de travail à cause du nombre relativement considérable des Sœurs qui y prirent part (44) ; mais elle se trouvait largement dédommagée par la piété et le recueillement des retraitantes et aussi par une autre grâce, dont elle appréciait l'importance et dont elle se réjouissait fort pour son vénéré fondateur. L'abbé François Cipière était ordonné prêtre ; le Bon Père ne serait plus seul, maintenant surtout que la famille des Sœurs, devenue si nombreuse, réclamait des soins spirituels plus assidus et plus réguliers. Puisque nous venons de nommer M. l'abbé Cipière, que désormais les Sœurs n'appelleront plus que le Père François, en raison même de son ministère et de sa collaboration avec le Bon Père Serres, disons tout de suite combien Sœur Marie se montra dévouée pour les jeunes séminaristes, qui, dans la pensée de son Supérieur, devaient peupler le monastère de la Thébaïde (1) l'aider dans son œuvre première des Sœurs, et, au besoin, prêter aide et secours au clergé paroissial dans nos temps si troublés et si difficiles !... Que de fois Sœur Marie se faisait elle-même la pieuse ouvrière de ces

(1) Commune d'Arches, canton de Mauriac,

séminaristes ! Linge, vêtements, chaussu-
res, elle veillait à tout et s'occupait de tout
pour épargner au Bon Père, avec quelques
deniers, la sollicitude de ces menus détails.
Pour eux, comme pour ses pauvres ordinaires, elle était une mère et une sage con-
seillère ; ils en rendent témoignage à l'una-
nimité, et leurs regrets comme leur reconnaissance se mêlent aux regrets et au deuil
de la communauté.

Les années suivantes, Sœur Marie continua son œuvre auprès des malades, des
pauvres et des prisonniers, leur fournissant
tout ce qui leur était indispensable, utile
et même agréable quelquefois. — Une nuit,
gardant une pauvre femme, elle se vit aux
prises avec un ivrogne, le mari même de
la malade. Celui-ci lui défend de venir
chez lui et menace de la frapper : Sœur
Marie se gare, s'excuse ; mais continue ses
visites. Dix-huit mois plus tard, le malheu-
fou se pendit ; la bonne Sœur fut la première à couper la corde, mais il était trop
tard !

En 1890, Monseigneur Baduel accorda
la permission pour la prieure de Saint-
Flour, d'aller en pèlerinage à Paray-le-
Monial. Ce fut une grande satisfaction

pour la privilégiée du Cœur de Jésus. Il lui tardait sans doute de témoigner sa reconnaissance à ce divin Maître dans le sanctuaire privilégié de ses apparitions. « Si « vous saviez, disait-elle, ce que j'ai « éprouvé dans cette chapelle ! je me croyais « au ciel ! Je ne méritais pas une aussi « grande faveur. » Elle en conserva un souvenir ineffaçable qui, bien des fois, adoucit l'amertume de ses heures d'angoisse.

L'hiver de 1891 fut très pénible pour Sœur Marie ; les malheureux assiégeaient constamment la porte de l'ermitage ; on voulait parler à la Mère ; on était connu, assurément elle avait quelque chose à leur donner. Il était bien rare, en effet, qu'elle ne leur fût pas secourable. Du reste, elle était à deux pas du grand bienfaiteur, dont nous avons déjà prononcé le nom : Mgr Baduel. Sœur Marie ne se gênait pas, elle avait la permission et l'ordre de tout demander : « Monseigneur, il faudrait telle « chose et puis telle autre. » Elle n'en finissait pas. La charité du Prélat était inépuisable ; souvent, après avoir donné le louis tout entier, il faisait lui-même le trousseau destiné au nécessiteux désigné. — Un

jour, le froid était plus glacial, une fluxion
de poitrine se déclara fort grave ; Sœur
Marie arriva avec peine à l'ermitage. « Elle
« est très mal. dit le docteur ; si c'était une
« autre malade, je dirais hardiment : de-
« main elle ne sera pas de ce monde ; mais
« chez Sœur Marie il y a du surnaturel. »
Le râle se produisit : Monseigneur en fut
effrayé : « Je ne voudrais pas qu'elle mou-
« rût encore, dit le saint Evêque, je veux
« qu'elle me soigne quand je serai malade. »
Des messes furent dites pour Sœur Marie,
on pria avec ferveur, le danger disparut
encore, et après quelque temps elle put
revenir à son travail habituel. Hélas ! parmi
ses malades elle devait bientôt, et pour
quelques jours seulement, compter celui
qui ne voulait pas la laisser mourir, parce
qu'il devait mourir avant elle.

Mgr Baduel tomba malade, à Aurillac,
avant la fin de sa tournée pastorale ; aussitôt il rentra à Saint-Flour et fit appeler
Sœur Marie : « Ma pauvre Mère, lui dit-il,
« je suis malade, faites-moi quelque chose,
« si vous le pouvez. » Sœur Marie fit de son
mieux pour seconder les efforts du médcin
et de la maison de Monseigneur. Mais dès
le début elle était persuadée que le Prélat

ne se relèverait pas. On sait le reste : Monseigneur succomba en effet le 16 mai 1891. Sœur Marie fut très sensible à cette perte, ne prévoyant pas comment ce grand vide serait comblé.

Ce fut pour elle une grande consolation, quand elle entendit prononcer avec assurance le nom du nouvel élu, Monseigneur Lamouroux, alors vicaire capitulaire du diocèse et qu'elle connaissait si distingué, si bon et d'une charité excessivement large.

Le 13 octobre 1893, Sœur Marie fut atteinte d'une pneumonie, qui la retint quatre mois dans sa cellule ; les dimanches on disait la messe dans l'oratoire de l'ermitage, et elle y communiait. Le 2 février 1894, elle recommença à sortir et à se rendre péniblement à la cathédrale ; mais au bout de deux mois, une bronchite la mit de nouveau aux arrêts. La pauvre prisonnière ne sortit que le premier dimanche d'octobre, fête du Saint-Rosaire ; pendant tout l'hiver elle ne put assister à la messe que le dimanche et au prix de beaucoup de souffrances et de fatigue. Quand on lui représentait qu'elle en était dispensée : « Laissez-moi faire, disait-elle avec une « certaine mélancolie, il faut bien que j'y

« aille ; c'est ma dernière année. » Elle continua ainsi jusqu'au troisième dimanche de carême de l'année 1895. A cette époque, une mission se donnait à la cathédrale, prêchée par les RR. PP. Capucins de Savoie : Sœur Marie en fut totalement privée. « Que voulez-vous, disait-elle, Dieu ne le « veut pas. Si je ne puis faire autre chose, « j'offrirai mes souffrances pour le succès « de la mission. » En même temps, elle tâcha de redoubler de ferveur et de saint abandon à la volonté de Dieu. « C'est la « dernière, voyez-vous, disait-elle à ses « filles, il faut que je la gagne bien. » Un des Pères, spécialement chargé des malades, la visita plusieurs fois et lui fit gagner l'indulgence plénière attachée à la mission.

Le lendemain de la clôture de cette belle mission, nous étions à Saint-Flour, Sœur Marie nous parut plus souffrante. Il est vrai qu'elle était encore sous l'impression de la peur... Un incendie avait dévoré une maison voisine de l'ermitage. « Je suis « perdue, nous dit-elle ; je sens que je m'en « vais ». Cette parole nous frappa d'autant plus que jamais Sœur Marie n'avait tenu ce langage. Nous n'y croyions guère néanmoins, tant nous étions habitués à

voir en elle du « surnaturel ». — « Ma
« Sœur, courage! Dieu ne vous veut pas
« encore. Il y a longtemps que vous êtes
« victime ; continuez à l'être pour votre
« communauté... Dieu vous réserve une
« belle couronne. — Je ne sais pas ; je
« ne fais rien, et je ne sais comment j'ai
« fait tout ce que j'ai fait par le passé.
« — Allons ! courage et confiance ! Le Bon
« Père vous bénit. » Elle se mit à sourire de
bonheur et nous remercia.

Elle n'avait plus que quatre mois à vivre ;
elle semblait le deviner ; car, à partir de ce
jour, elle se prépara au grand voyage de
l'éternité par un plus grand détachement
des choses d'ici-bas ; elle ne se plaignait
pas, elle ne demandait rien, elle se contentait de tout ; plus la fin approchait, plus
elle prévoyait l'avenir : « Mes Sœurs, re-
« commandait-elle souvent à ses chères
« compagnes, quand je n'y serai plus, ne
« m'oubliez pas dans vos prières. » Un
gros rhume se déclara. « C'est grave, dit le
« docteur, la maladie de cœur avec l'ané-
« mie va occasionner une congestion céré-
« brale, qui amènera la fin. » Il avait dit
vrai. Les trois dernières semaines, la pauvre infirme fut absolument criblée de

douleurs : maux de tête, paralysie, impossibilité d'avaler une nourriture solide, perte de la mémoire, presque de l'intelligence. Son frère de Nancy étant venu la voir, le 22 août, elle put à peine lui parler.

Le Bon Père, informé de la gravité de l'état de la chère malade, arriva bien vite auprès de sa première aide, qui le reconnut parfaitement et lui témoigna toute sa reconnaissance.

Le lundi, 26 août, elle avait reçu les derniers sacrements ; le lendemain, 27, elle fit en particulier ses maternelles recommandations à sa chère infirmière ; elles se promirent réciproquement souvenir et prières, et comme la fin ne semblait pas éloignée : « Ma mère, lui dit Sœur Célestine, faites à « Dieu le sacrifice de votre vie. — Oui », répondit Sœur Marie, en joignant ses deux mains ; ce fut sa dernière parole. Il était onze heures du matin. Survint une crise violente qui ne dura pas ; on lui mit le crucifix entre les mains. M. le Doyen du Chapitre, son confesseur, assisté du Père Supérieur, récita les prières des agonisants. A midi, l'agonie commença ; à trois heures et demie, elle rendit son dernier soupir dans les bras de la Sœur qui, pendant

25 ans, l'avait assistée comme on sert une mère. Sœur Marie était morte !

Cette lugubre nouvelle se répandit dans toute la ville avec la rapidité de l'éclair ; aussitôt on voulut la voir dans sa mort comme on l'avait tant vue dans sa longue carrière de garde-malade. La mort avait comme rajeuni ses traits ; elle paraissait plus vivante que morte. Elle demeura dans cet état pendant les deux jours qu'on la garda exposée sur un lit de parade. « Oh ! « la sainte Sœur, la pauvre Sœur Marie ! la « bonne Sœur Marie ! Elle nous aimait « tant ! elle nous a fait tant de bien ! Du « haut du ciel elle nous protégera ! » Ainsi parlaient les pieux visiteurs ; *vox populi. vox Dei;* la voix du peuple, c'est la voix de Dieu !

A la sympathie universelle et aux regrets unanimes des habitants de Saint-Flour, on devine ce que pouvaient être les funérailles de Sœur Marie. Nous en empruntons le récit à la *Semaine Catholique* du jeudi 5 septembre :

« Les funérailles de Sœur Marie ont eu « lieu à Saint-Flour, dans l'église Saint- « Vincent, le jeudi vingt-neuf août. Elles « ont été ce que l'on prévoyait, c'est-à dire

« magnifiques. Tous les rangs de la société
« étaient confondus dans le cortège. Mon-
« seigneur a vivement regretté de ne pou-
« voir y assister, occupé ailleurs par une
« profession religieuse ; mais il avait tenu
« rendre hommage aux vertus de sa chère
« fille en venant prier auprès de ses restes
« inanimés. Sa Grandeur a désigné Mgr
« Mercuy, son vicaire général, pour le
« représenter à la cérémonie funèbre. Une
« trentaine de Sœurs de la petite Congré-
« gation, venues des maisons les plus voi-
« sines, ont accompagné avec la foule, à sa
« dernière demeure, celle qui fut une des
« premières fondatrices de leur commu-
« nauté, et sur la tombe de laquelle on
« pourra inscrire en toute vérité ces paroles
« qui ont été dites du divin Maître : *Per-*
« *transiit benefaciendo.* »

Oui, elle a passé en faisant le bien ! Dans
le cours de ces modestes pages nous en
avons dit quelque chose, mais nous n'avons
pas tout raconté. Nous sommes heureux de
reproduire ici, à l'appui de cette faible
esquisse, quelques témoignages :

— « Je trouvais, dit une Sœur qui l'avait
« connue dès le début, qu'elle avait une
« grande piété ; elle aimait beaucoup à

« prier... ; elle aimait beaucoup le bon
« Dieu et les pauvres. » (1)

— « Son dévouement, écrit une autre, (2)
« n'avait pas de bornes ; elle servait aux
« pauvres de médecin et de mère...; elle
« savait accorder tout le monde, elle ré-
« tablissait l'union et la paix dans les
« familles... Elle m'a bien appris à assis-
« ter les mourants. En ce moment-là, on
« aurait dit qu'elle était transportée, tel-
« lement elle était ardente pour le salut
« des âmes... Elle enseignait les princi-
« paux mystères aux malades, aux vieil-
« lards, aux enfants, et avec une telle
« intelligence, que vraiment je l'aurais
« crue *bachelière*. Je n'avais que dix-neuf
« ans, je n'étais guère courageuse auprès
« des mourants. — Petite, me disait-elle,
« faites-vous violence ; il n'y a que les
« courageux qui emporteront le royaume
« des cieux... Je suis demeurée peu de
« temps avec elle ; ce que je sais, c'est
« qu'elle était bien bonne, dévouée, hum-
« ble, charitable, et surtout douce, conci-
« liante et d'une grande piété. Les dif-
« ficultés du commencement ne l'ont

(1) Sœur Joséphine Vignal.
(2) Sœur Emilie Picard.

« pas découragée, tellement elle était
« ardente pour le bien de l'œuvre. »

— « Sœur Marie était remplie d'amour
« pour Dieu et de bonté pour le prochain.
« Partout où elle allait, elle édifiait et
« inspirait le respect par sa modestie, par
« sa conversation pieuse, par sa simpli-
« cité chrétienne et par tout son extérieur
« qui reflétait si bien les vertus de son
« âme. » (1)

— « Je viens de Saint-Flour où j'ai eu
« tant de regret à ne pas retrouver la
« chère et vénérée Sœur Marie. Souvenir
« d'une souffrance extrême, d'une épreuve
« que les semaines et les mois ne mesu-
« raient pas, et supportées avec un déli-
« cieux sourire d'ange, sans une défail-
« lanc, sans un nuage. Cette physionomie
« revêtait tant de grâce et d'amabilité !» (2)

On écrit encore à la Supérieure :

— « La bonne Sœur Marie! Je l'estimais,
« je la vénérais et l'aimais, c'est une
« sainte... Sœur Marie était une de ces
« âmes d'élite que la vertu entraîne, et
« de ces cœurs aimants et dévoués qui
« s'attachent ceux avec qui ils vivent. Elle

(1) M. Andrieux, curé d'Ally.
(2) R. P. Gaillard, S. J.

« laisse un grand vide... Sœur Marie est
« au ciel ; ne l'enviez pas aux anges et aux
« vierges... Une âme sainte fait la joie du
« ciel !.., Je prie pour le repos de son
« âme ; mais je suis autant portée à l'invo-
« quer qu'à prier pour elle. » (1)

— « Sœur Marie est plus heureuse que
« nous ; elle avait sa place toute prête dans
« le ciel, où elle priera pour nous... Elle
« a emporté les regrets unanimes de ceux
« qui l'ont connue. » (2)

— « Je ne doute pas du grand vide
« qu'elle a fait parmi vous. Elle était si
« bonne compagne, pleine de vertu et
« d'amour pour Dieu, ne songeant qu'à
« ses chers malades et inspirant à tous
« ceux qu'elle approchait de si sages con-
« seils... A cette heure elle doit jouir de la
« récompense qu'elle a si bien méritée par
« son dévouement. » (3)

— « En lisant la *Semaine Catholique* de
« Saint-Flour, j'ai appris la triste nouvelle
« de la mort de Sœur Marie. Je n'ai pas
« besoin de vous dire combien nous en
« avons été tristement affectés. Vous savez

(1) Joséphine Fabre, religieuse de Notre-Dame de
Mauriac.
(2) Madame Félicie Pouderoux.
(3) Madame Cabiron.

« quels étaient nos sentiments d'affection
« pour cette chère Sœur avec laquelle nous
« avions, pendant notre séjour à Saint-
« Flour, les plus cordiales relations... Je
« plains les pauvres de Saint-Flour et les
« malades d'être privés de ses soins aussi
« intelligents que dévoués. Je prie tous les
« jours pour elle, mais j'espère que Dieu,
« dans sa miséricorde, l'aura jugée, comme
« nous, digne du ciel. Aussi je lui demande
« de nous protéger, car elle nous aimait
« autant que nous l'aimions. » (1)

— « J'apprends la mort de notre chère
« sainte... Du haut du ciel votre sainte
« amie vous donnera force et courage.
« Quelle admirable vie, en effet, et que
« Dieu a dû la couronner avec bonheur !
« Je vois encore cette bonne Sœur Marie
« dans son fauteuil et me recevant avec
« cette bonté si bienveillante qui m'allait
« droit au cœur. En regardant plus loin,
« je la vois soignant si maternellement les
« pauvres et les malades, leur amenant le
« prêtre et les forçant par son ingénieuse
« bonté à se convertir, à se réconcilier avec
« le bon Dieu. Que d'âmes sauvées par elle

(1) Madame J Fazuilhe.

« ont dû lui faire cortège pour entrer au
« ciel ! » (1)

« Elle était si bonne, si bonne pour moi !
« Voyez-vous, je ne puis pas exprimer
« autrement ma pensée : c'était une âme...
« Pour moi je demeure convaincu qu'elle
« doit rester comme le type et l'exemplaire
« de la « garde-malade ». On sent la main
« de Dieu sur cette vie depuis le commen-
« cement jusqu'à la fin. *Manifestement* Il l'a
« appelée, préparée, travaillée, couronnée.
« Je crois que vous l'avez dit : vous avez
« en effet dit tout ce qui porte particuliè-
« rement le doigt de Dieu. Il l'avait choisie
« pour être la personnification vivante des
« vertus essentielles au nouvel Institut. Et
« parce que, *à la base*, il ne faut pas des
« vertus ordinaires, Dieu l'avait faite sim-
« ple et grande, humble et généreuse,
« capable de grandes entreprises, merveil-
« leusement soumise et merveilleusement
« douée pour le commandement. Il fallait
« que ces vertus fussent éprouvées, et Dieu
« a travaillé Lui-même sa servante. Il l'a
« jetée au creuset de la souffrance physique
« d'abord et morale ensuite. Le corps ne
« semble retrouver un reste de vie... mi-

(1) Madame Richard.

« raculeuse, que pour laisser à l'âme le
« temps de se purifier à son tour, de se
« transfigurer, dè se diviniser. Aussi l'œu-
« vre de Dieu était resplendissante, selon
« le mot du prophète.

« C'est surtout alors que je l'ai connue,
« et voilà pourquoi je vous dis que c'était
« *une âme*. Que ce mot soit beau, simple
« et grand, cela me paraît, et je le dis, non
« parce qu'il est de moi, mais parce que
« pénétré de mon sujet, il s'est placé de
« lui-même au bout de la plume. Et pour
« l'expliquer encore je devrais ajouter que
« cette âme était rayonnante, elle allait à
« la vôtre. On ne la quittait jamais sans
« pouvoir dire, dans une certaine mesure :
« *Nostra conversatio in cælis.* (1) Elle y
« était..., et les réalités surnaturelles lui
« étaient familières comme à nous, hélas !
« les réalités terrestres.

. . . .

« On peut la prier comme une sainte, a
« dit un éminent catholique de Saint-
« Flour. Cette parole traduit le sentiment
« populaire, qui s'est manifesté d'ailleurs
« sur sa tombe, ornée et entourée comme

(1) Nous vivons déjà dans le ciel (Saint Paul aux
Philippiens III. 20).

« celle d'une mère, de la Bienfaitrice des
« pauvres. » (1)

Enfin, pour clore tous ces témoignages,
voici le plus précieux, le plus éloquent, le
plus complet qui nous arrive de M. le Doyen
du Chapitre de la cathédrale de Saint-
Flour, M. Tissier. Il suffirait à lui seul
pour la vie et l'éloge de Sœur Marie ; il
ajoutera à notre travail un couronnement
qui en fera oublier toutes les imperfections
et nous donnera de nouvelles lumières sur
les vertus de cette âme d'élite, dont M. le
Chanoine fut le seul directeur, après Mgr
de Pompignae. C'est dans ces belles pages
que nous trouverons la vraie caractéristi-
que de Sœur Marie de Saint-Flour.

Aussi bien c'est pour nous une joie autant
qu'un devoir de les donner telles qu'elles
nous sont adressées, sans y ajouter autre
chose que l'expression respectueuse de
notre reconnaissance.

« Dieu réserve des grâces, des lumières
particulières aux âmes qu'il appelle à la
fondation de ses œuvres. Sœur Marie,
amenée providentiellement à prêter son
concours à M. le chanoine Serre pour l'établissement de la congrégation des Petites

(1) L'abbé de M..., ch. hon.

Sœurs des malades, avait parfaitement compris la nouvelle fondation. Dès le début elle montra des aptitudes vraiment remarquables pour le soin des malades, fin de son Institut. Elle comprit en même temps de quelle discrétion et de quelle prudence devaient s'entourer les Sœurs employées à ce délicat et pénible labeur.

« Après Dieu, son unique ambition fut de servir les malades et de les disposer à bien mourir. Elle leur consacra sans compter tout ce qu'elle avait d'intelligence, de force et de santé. Quelque répugnantes ou contagieuses que fussent les maladies qu'elle soignait, on ne surprenait pas chez elle l'ombre d'une peine ou d'une hésitation ; elle en faisait même sa part préférée, laissant à ses Sœurs la besogne moins pénible et moins dangereuse.

« Mgr de Pompignac, de si vénérée mémoire, l'avait fait venir de Murat à Saint-Flour pour l'établir au chevet d'une intéressante malade qu'une terrible infirmité minait à petit feu, rendant extrêmement pénible tout séjour auprès d'elle. Sœur Marie, sans jamais témoigner la moindre répugnance, ne la quitta ni le jour, ni la nuit ; pendant de longues semaines elle l'entoura des soins les plus maternels. Il y aurait à citer par centaines des actes de dévouement analogues.

« A peine Sœur Marie avait-elle paru quelques heures auprès d'une personne souffrante qu'on ne pouvait plus se passer de ses services. Quand le devoir l'appelait ailleurs, les patients la réclamaient bientôt, ils n'avaient de repos que lorsqu'elle revenait. Aussi gagnait-elle vite la confiance de ses malades et on en a vu bien peu se refuser à ses instances, lorsque le moment était venu de régler leurs comptes avec le bon Dieu. Si parfois ses douces sollicitations, accompagnées des attentions les plus délicates, ne parvenaient pas à les ramener à Dieu, elle changeait de tactique et usait d'autorité ; son langage prenait un accent fort, énergique, qui finissait par briser toute résistance. Qu'ils ont été nombreux ces pauvres égarés dont elle a vaincu l'obstination et qu'elle a décidés à recevoir les derniers sacrements !

« Quand Sœur Marie, épuisée et succombant à la fatigue, dut s'arrêter, elle souffrit plus de se voir éloignée de ses chers malades que de ses propres infirmités devenues pourtant accablantes. Si le mal lui laissait un peu de répit, bien qu'elle ne pût se mouvoir qu'au prix des plus grandes fatigues, on la voyait se traîner péniblement pour aller porter un conseil, donner une parole d'encouragement aux pauvres malades qui désiraient tant sa visite.

« Les trois Évêques de Saint-Flour qui l'ont vue successivement à l'œuvre, témoins de son admirable dévouement et des industries de son zèle pour gagner les malades à Dieu, appréciaient hautement Sœur Marie et dans maintes circonstances ils lui donnèrent les témoignages d'estime les plus flatteurs.

« Ceux qui la connaissaient, qui l'avaient rencontrée auprès des malades, ne pouvaient lui refuser leur confiance. Si on ne savait pas l'ascendant qu'exerce autour de soi une âme marquée de la double auréole d'une vertu à toute épreuve et d'une exquise intelligence, on s'étonnerait que cette Petite-Sœur, presque sans instruction et sortie d'une bien modeste famille, ait pu avoir une autorité aussi grande que celle dont elle jouissait, même auprès des personnes de la haute société. Que de confidences n'a-t-elle pas été obligée de recevoir ;

que de tristesses elle a dû consoler ; que de courages sur le point de faiblir elle a relevés ! Ses conseil étaient reçus comme des oracles ; on ne se retirait point d'auprès d'elle sans se sentir réconforté et sans reconnaître la justesse de ses avis.

« Douce, compatissante excessivement bonne pour tous ceux qu'elle voyait dans la peine, elle savait, quand il devenait nécessaire, se montrer ferme, ne craignant pas de dire la vérité, toute la vérité. Dans plusieurs circonstances, certaines personnes avaient espéré lui faire partager leurs étranges préventions et l'engager dans leurs coteries ridicules ; elles ne tardèrent pas à s'apercevoir qu'elles s'étaient trompées d'adresse. Sœur Marie sut défendre avec force la cause du droit et du devoir et montrer aux récalcitrants ce que leur conduite avait de répréhensible.

« Femme d'un rare bon sens, Sœur Marie était aussi une femme de résolution; elle saisissait avec promptitude une situation et prenait un parti en conséquence. Qualité extrêmement précieuse chez une femme vouée par vocation au soin des malades, car souvent le temps presse, le moindre retard peut compromettre l'état d'un patient, ou ne pas lui laisser le loisir de régler ses affaires du temps comme de l'éternité. C'est grâce à cet esprit de décision que Sœur Marie a obtenu souvent que les médecins de l'âme comme ceux du corps fussent appelés assez tôt. Que de fois aussi, en dehors de son office de garde-malade, elle s'est trouvée dans une pressante nécescité de trancher, pour elle ou pour d'autres, des difficultés, ou de donner un conseil ; elle ne demeurait pas longtemps indécise, son avis ne se faisait pas attendre, rarement ses prévisions se trouvaient en défaut.

« Comment Sœur Marie était-elle parvenue à ce degré de supériorité, elle qui n'avait reçu presque aucune formation religieuse et qui s'était trouvée absorbée par les malades aussitôt qu'elle avait débuté dans sa vocation ? On ne se l'explique que par cette sorte d'intuition qui lui faisait deviner ce qu'elle n'avait pas appris et cette générosité qu'elle apporta toujours dans le service de Dieu et l'exercice de son emploi. Ne comptant pas avec Dieu, Dieu n'avait pas compté avec elle ; la grâce d'en haut, agissant sur cette nature d'élite, devait nécessairement produire des fruits admirables de perfection.

« Ses journées et ses longues veilles auprès des malades exigeaient d'elle une
abnégation continuelle et lui imposaient
des moments extrêmement pénibles. Pour
cette âme généreuse, ce n'était pas encore
assez, surtout s'il s'agissait d'obtenir le
retour, la conversion d'un malade endurci.
Elle savait s'imposer de rudes mortifica-
tions qu'on ignorait autour d'elle tant elle
était ingénieuse à les cacher. Les instru-
ments de pénitence, qu'une main indiscrète
a su découvrir après sa mort, lui étaient
familiers, elle en usa largement tout le
temps que sa santé et son directeur le lui
permirent. Elle s'était condamnée volon-
tairement à une perpétuelle abstinence ; on
a cru, et elle a laissé croire, que ce régime
était plus en harmonie avec son tempéra-
ment, mais là ne se trouvait pas la vraie
cause ; le motif de cette nouvelle mortification qu'on n'a jamais soupçonné, qu'une
seule personne a connu, était simplement
héroïque.

« Les âmes de cette trempe ne savent pas
se renfermer en elles-mêmes, elles ont la
passion du dévouement. Sœur Marie avait
le cœur comme l'esprit ouvert à toutes les
souffrances ; sa charité était inépuisable,

elle faisait des prodiges, on aurait dit que les ressources se multipliaient en passant par ses mains. Souffrir était auprès d'elle un titre à toute sa sollicitude ; elle ne se donnait aucun repos tant qu'elle n'avait pas apporté le soulagement attendu ; si une porte restait fermée, elle ne craignait pas d'aller frapper à vingt autres ; sans se départir d'une sage discrétion, elle ne s'arrêtait que lorsqu'elle était parvenue à soulager ses malheureux. Elle ne se contentait pas de leur apporter un premier secours, elle continuait à s'enquérir de leurs nouveaux besoins et se remettait en quête. Il était question souvent de venir en aide à une misère pressante, une pauvre famille manquait de tout ; Sœur Marie courait vite au pain et aux petites provisions de la Communauté, heureuse de partager avec l'indigence et encore il lui semblait que ces secours n'arrivaient pas assez vite.

« Que ne faisait-elle pas pour les malades qu'elle trouvait dans le dénûment et l'abandon ! Comme elle s'ingéniait habilement, audacieusement peut-on dire, pour apporter du soulagement dans ces milieux si délaissés, pour y mettre de l'ordre, de la propreté ! Le misérable grabat, si dur au pauvre malade, était le plus souvent remplacé par un lit convenable et la petite provision de linge ne tardait pas à venir aussi avec les médicaments nécessaires. Il ne fallait pas longtemps pour s'apercevoir que Sœur Marie était passée par là, on reconnaissait sa trace, tout avait changé d'aspect.

« Ce dévouement inépuisable trouvait son principe et son soutien dans une haute et solide piété. Sœur Marie ne savait rien faire à moitié, son esprit large et généreux était entré d'un bond dans le solide de la piété comme de la vertu. Piété de bon aloi, piété admirablement comprise, toute empreinte de charité et qui n'avait rien que d'aimable pour les malades. On pouvait dire que la prière, chez elle, ne chômait presque jamais. Aussitôt qu'elle trouvait un moment libre dans la maison des malades, on la voyait se recueillir pour méditer ou prendre son chapelet. En traversant les rues, encore son chapelet, et toujours son chapelet pour remplir et adoucir les longues et si pénibles heures pendant lesquelles les infirmités la clouèrent dans sa chambre.

« Son bonheur, sa plus grande joie en

ce monde fut la sainte communion ; elle avait une faim insatiable de la sainte Eucharistie. Au temps de sa maladie, sa plus grande souffrance était de ne pouvoir communier aussi souvent qu'elle l'eût désiré ; elle faisait des efforts inouïs pour pouvoir demeurer à jeun, afin de multiplier un peu plus ses communions. Si l'accablement, la fatigue, l'épreuve venaient l'assaillir, si le courage semblait lui échapper, elle disait : « Patience, bientôt la commu- « nion et Jésus viendra : que je reste forte « avec Lui ! »

Nous terminons cette humble notice par une pensée de l'un des plus illustres Evêques de notre époque ; elle sera comme la leçon résumée de ces pages et le rayon de lumière qui expliquera et donnera son vrai jour à cette douce et généreuse figure que nous avons essayé d'esquisser :

« La plus grande chose est la souffrance ; si vous n'avez pas souffert, il vous manque cette lueur suprême que Dieu réserve aux élus des hautes missions et qui fait resplendu' dernier et sublime éclat leur âme et leur cause. Les ouvriers des grandes rédemptions, c'est leur privilège de marcher à un triomphant supplice, Jésus-Christ à leur

tête, la croix en main Le voilà, ce modèle
et ce roi de tous les suppliciés pour la jus-
tice ! Il boit le calice de sa passion jusqu'à
la lie et puis le présente à ceux qui l'aiment
assez pour le suivre et pour reproduire en
eux quelques traits de cette passion qui a
sauvé les hommes. Victimes immolées
comme lui, triomphantes par la fécondité
du sacrifice, leur sainteté comme leur
gloire se mesure à leur degré de ressemblance avec le divin martyrisé. »

La Thébaïde, 25 décembre 1895.

Aurillac, Imprimerie Moderne, 6, rue Guy de Veyre.

www.ingramcontent.com/pod-product-compliance
Ingram Content Group UK Ltd.
Pitfield, Milton Keynes, MK11 3LW, UK
UKHW020005100726
13658UKWH00002B/821